AF485532

Experiencias pedagógicas creativas II

Sarquis, Jorge

Experiencias pedagógicas creativas II : Ensayos teóricos / Jorge Sarquis ;
Santiago Raúl Miret - 1a ed . - Ciudad Autónoma de Buenos Aires :
Diseño, 2017.
196 p. : il. ; 21 x 15 cm.

ISBN 978-987-4160-15-7

1. Arquitectura. 2. Investigación. 3. Vivienda. I. Miret, Santiago Raúl. II. Título
CDD 720.1

AUTORES | COMPILADORES
Jorge Sarquis, Santiago Miret

EDITOR COLABORADOR
Melisa Brieva

DISEÑO DE LA COLECCIÓN | MAQUETACIÓN
Karina Di Pace

Experiencias pedagógicas creativas II

Ensayos teóricos

Jorge Sarquis
AUTOR Y COMPILADOR

Santiago Miret
AUTOR Y COMPILADOR

diseño

Índice

La IP desde la Post-metafísica

JORGE SARQUIS

El cambio producido en el pensar filosófico a fines del siglo XIX y todo el siglo XX y XXI, más los cambios evidentes en la Arquitectura que ya emergían con su lenguaje moderno, nos fue induciendo a pensar que la versión de los historiadores de que existía un "Movimiento Moderno", liderado por Le Corbusier y Mies van der Rohe era una versión interesada en dar una versión sesgada de los que aspiraban a conducir teóricamente a dicha Arquitectura Moderna dejando de lado a todos aquellos que no comulgaban con un canon de la abstracción y las formas ortogonales y puras de acero, vidrio y hormigón a la vista. A partir de los años 1940 y 1950, después de varios CIAM realizados y especialmente el después de la famosa Carta de Atenas, se comienzan a escuchar voces de propuestas divergentes respecto a las ideas centrales que intentaba imponer el Movimiento Moderno y en la primera línea podemos situar al Team X de Van Eyck, Bakema, Candilis, De Carlo, Allison y Peter Smithson, y desde allí hasta que en 1959 se cierran los CIAM por divergencias entre sus participantes. A partir de allí surgen muchas líneas divergentes y algunas abogan por instalar la investigación en el campo de la arquitectura con Peter Eisenman y Rem Koolhaas y de allí a la idea de la Investigación proyectual median pocos pasos hasta una fecha aproximada a 1985.

Primer Round
Repensar las Variables e Indicadores desde la Metafísica y la Postmetafísica

Vamos a hacer un recorrido (una primera ronda o round como debate y discusión) sobre las Variables e Indicadores que nos marcaron un camino para realizar los ejercicios al que hemos denominado "proyectos *ipeados*". Lo nuestro no fue un trayecto, sino un proyecto, ya que abandonar la metafísica e instalarse a repensar toda la epistemología de la Investigación Proyectual, desde la post metafísica y esta que en sí mismo no es sencilla de realizar, pues hay muchos pensadores que desde ésta vereda repiensan todos los temas en general y la arquitectura, que mantiene una relación empática y metafórica, no del todo visibilizada, todavía con la filosofía.

1. LAS DIMENSIONES –que son la filosofía del conocimiento– luego se transforman o encarnan en las epistemologías de base metafísica y después del siglo XX en las post metafísicas. En las metafísicas se nos indica la necesidad de la coherencia, la armonía, la unidad, los fines, el contexto, entre la Teoría, la Metodología y la Técnica, y eso está incorporado en nuestro pensamiento sin advertirlo y lo practicamos y lo ejercemos al proyectar. El esfuerzo está en pensar ahora desde la post metafísica que emerge cuando cada uno de los tres, que tiene definición propia, no tiene con los otros ninguno de los atributos que le asignaba la metafísica y comienzan a tener pensamientos (con autonomías relativas) uno del otro y con asociaciones dispares y aparentemente erráticas. Veámoslo en cada Indicador:

   1.1. LA TEORÍA, siempre se identificó con el pensar los universales y esto era lo propio de la filosofía, de tal manera que tenía repuesta para todos los problemas del mundo. Hoy no puede ser Indicadora del qué hacer y cómo hacerlo, como enseñó el pensar metafísico, la misma no da repuesta a los problemas que se presentan, por eso Alain Badiou dice la filosofía tiene que estar atenta a la producción de los saberes particulares y cuándo ocurre un hecho del cual dicho saber, no puede dar explicaciones, pide a la filosofía que acuda a crear las categorías para comprender lo que aconteció, o sea ese acontecimiento inédito, nunca visto antes. En la misma línea vemos a Michael Foucault, Gilles Deleuze, Jacques Ranciere, Ludwig Wittgenstein y tantos otros pensadores contemporáneos, incluso dentro del campo de la Arquitectura como Peter Eisenman, Rem Koolhaas, Le Corbusier, Mies van der Rohe, Paulo Méndez da Rocha y tantos otros.

1.2. La Metodología, por más que aparecía en este trío del saber, armonizados con la Teoría y la Técnica, Hegel nos advertía que "uno es esclavo de la teoría, pero libre en la práctica", aunque se fuera o no consciente de esta concepción de la teoría, esa idea tenía su peso de las muy diversas maneras. Consciente o no en cada autor, en nuestra concepción actual, no hablamos de una Metodología sino de escrutar la idea de su existencia, o sea la misma como una cuestión a develar y sobre todo a problematizar y no existe una que resuelva todos los problemas, en ningún ámbito reconocido del saber. Por lo tanto, se trata de problematizar la existencia de las metodologías y observar quien cumple bien la tarea para cada circunstancia.

1.3. La Técnica, en este campo, tan caro a los arquitectos, como su segundo nombre así lo indica Archi-Tectónica, que es el trabajo del carpintero especialista en trabajar la madera. En el campo disciplinar, decimos que la técnica vale para todas las disciplinas y tiene que ver con las habilidades y destrezas personales; en cambio la tecnología es un saber transmisible y comprensible que refiere a modelos pre-establecidos. Por último, afirmamos que la tectónica es propia de la Arquitectura y es un campo de libre creación y expresión y esto lo vemos además dentro del campo del saber, la noción propia de la arquitectura griega o romana, se modifica permanentemente por la acción de la tectónica.

2. LOS CAMPOS DE ACTUACIÓN, van adquiriendo para este texto particular importancia la Formación, Variable que se encuentra en esta situación de post metafísica, sino que implica a la Investigación y la Profesión que también requieren una actualización desde el pensar post metafísico.

2.1. La Formación, no sólo por su desaparición de la metafísica ordenadora, sino por la de la legislación mimética a la que alude Ranciere en cuanto al canon que implicaba la *mímesis*. En ese sentido, la desaparición de tal guía nos ha dejado sin principios de inspiración y debemos apoyarnos en las obras ejemplares. Según Harold Bloom para la literatura desde el Renacimiento y otros críticos para la Arquitectura, no es que no exista el canon, sino que ha desaparecido el modo de operar por principios y comienza a hacerlo a través de obras paradigmáticas como ejemplos a seguir.

2.2. La Profesión, requiere tanto más del canon y la estabilidad de los principios pues la premura de las acciones en el mundo de la vida así lo exigen. Si bien los ejemplos que hemos tomado lo son de las realizaciones de la vida profesional y de él los concursos y los experimentos arquitectónicos; resulta curioso que en cambio en la experimentación proyectual de la que hablamos no abundan los ejemplos.

2.3. La Investigación, es el campo casi propio de la Investigación Proyectual ya que ante cada problema (mal o bien identificado) se arriesga una repuesta original que de alguna manera es la producción de conocimientos tal como es la exigencia de toda investigación y dentro de ella la que utiliza el proyecto como medio para obtener dicho conocimiento y sabiendo que el mismo debe cumplir dos condiciones básicas: ser conocimiento singular al resolver el problema que se aboca a indagar, y ser universal pues a todo emprendimiento proyectual que opere cumpliendo estas condiciones, la obra realizada es la más pertinente y debería repetirse. Pero dado que las condiciones de realización de una obra no pueden reiterarse, toda obra debe trabajar sobre la elaboración de las condiciones de producción, con sus Variables e Indicadores específicos.

3. LOS FINES. La Pregunta por los Fines es de origen filosófico, al igual que la pregunta por el sentido, pero históricamente son aplicables a la Arquitectura, quien lo ha hecho muchas veces de manera reductiva dirigiéndola a la cuestión del *Problem Solving* instrumental y mercantil en el siglo XX. Pero si lo tomamos viendo cada Fin o finalidad como Externo, Interno o Mixto, la cuestión adquiere otro matiz.

3.1. Los Fines Externos, lo nombramos en primer lugar porque es el más instalado en el sentido común. Se confunde la razón de ser de la disciplina: hacer obras de arquitectura, con la especificidad de la misma que es Proyectar y con el Fin Mixto que es la utopía o cumplimento cabal de ambos Fines fijados por el autor.

3.2. Finalidad interna, es, en el pensar metafísico casi obvio, de allí su falta de mención, y menos como exclusivamente de las tareas creadoras, que cumple este fin puramente disciplinar y que se suelen ensamblar o continuar con asuntos no resueltos propios de la

disciplina. Y desde allí suelen emerger los conocimientos disciplinares. Además, abundan los ejemplos donde se comienza con un
Fin Externo (el pedido de casas de vidrio a Mies en 1925) y luego se
hace algo propio de la disciplina. En su desarrollo es necesario leer
a Eisenman en "El fin del clásico, el fin del principio y el fin del fin"
de 1974, donde advierte sobre los que pretenden retornar al pensar
clásico, a continuar preguntándose por el inicio de la Arquitectura
para validar el camino presente y futuro y a dejar fijo en el Fin Externo el único válido para la Arquitectura. Todos estos, ataques directos al pensar metafísico y a trabajar en el pensar post metafísico
que deberá ser construido.

3.3. Fines mixtos, es el caso de los proyectos cuyos fines externos
e Internos los fija el propio autor del proyecto. Suelen ser tomados
como utopías, pero no siempre como veremos lo son necesariamente, ya que, si son parte de una Investigación Proyectual, los
mismos son necesarios como momento creativo y lúdico para explorar las posibilidades de repuestas a situaciones. Se lo propone
desde la IP, pero se produce cuando en la arquitectura se realizan
abundantes e irreverentes experimentos arquitectónicos, de allí el
concepto original de utopía.

4. EL CONTEXTO. Es la Variable más cercana a la arquitectura, ya
que, en su rasgo antropológico, en su interior se alojan los Indicadores de Tiempo y Espacio de lo disciplinar y lo transdisciplinar,
más allá de lo Determinado e Indeterminado de estas situaciones
en las condiciones post metafísicas de actuación de la Arquitectura
moderna y contemporánea.

4.1. Contexto Temporal. En este contexto se atienden a los aspectos, culturales e históricos que influyen en la realización de toda
obra de creación como la arquitectura exige. El contexto temporal
del cual es imposible abstenerse. Este aspecto suele ser importante pues se divide el universo sincrónico y el diacrónico o histórico
que en muchas disciplinas no son importantes de atender, como
ciertos saberes antropológico histórico que no son fácilmente ac-
tualizables. Aquí pueden sumarse los asuntos políticos, sociales y
culturales.

4.2. Contexto Espacial. Se refiere aquí no sólo a los elementos que
se encuentran cercanos al territorio de intervención, sin aquellos
que pueden estar alejadísimos territorialmente, pro que en la cerca-

nía temporal y en su contexto disciplinar se encuentra que es el que interesa conocer y aprender.

4.3. Contexto Disciplinar y Transdisciplinar. Este tercer registro, que se suma a los anteriores, y es de gran importancia para la Arquitectura y los diseños. Es el contexto más específico de los saberes como autónomos/heterónomos, designando el campo del conocimiento propio de cada disciplina hacia adentro y en el grado relacional que establece con las demás.

5. COMPONENTES: *Utilitas*, *Firmitas* y *Venustas*. Esta Variable fue imaginada, como la más específica de la Arquitectura, con sus tres Indicadores de distinta materialidad, destino, finalidad, contexto, tal como la imaginó Vitruvio en el siglo I, en base a lo formulado por Aristóteles en la Filosofía Metafísica y la mímesis expresada en la famosa hasta hoy Poética aristotélica que se apoyaba en los principios que los griegos sostenían habían leído en la naturaleza: Unidad, Armonía, Ritmo, Proporción, Simetría. Invención dura y pura de la cultura griega, que no se dio en la cultura china, ni árabe, ni mesopotámica. Cuando llevamos estos principios constructivos de la Arquitectura, a partir del siglo XX y lo hacemos desde una Epistemología Anglosajona, en una primera fase, cada Componente opera en relación a los otros, a los que llamaremos Indicadores: *Utilitas*, *Firmitas* y *Venustas*, de una manera simple, inmediata y transparente, sin advertir que esta lectura simple ocultaba la complejidad del mundo real que se mostraba en estos tres Indicadores o Componentes del triángulo vitruviano original.

Luego cuando atendimos a los reclamos de Alberti (en sus *Diez Libros de Arquitectura*, al igual que Vitruvio) de por qué el romano se va a interpretar a los griegos de seis siglos antes de Cristo con el Partenón y otras obras, en vez de prestar atención a la extraordinaria Arquitectura muraria de los romanos, que tenía frente a sus ojos. Nos remontamos al mismo siglo XV cuando comienzan grandes cambios para el arte y la arquitectura. Si bien estos principios se sostienen con Alberti (1450), no podemos negar que en paralelo, comienza la larga trayectoria de los Tratados y Manuales hasta el siglo XX, bajo diferentes máscaras. Así los avatares del siglo XX, con la emergencia definitiva del proyectar como (PCA) Procedimiento Configurador de la Arquitectura, libre del canon cuya definición se aproxima para comprender también la Composición y su canon, la mímesis aristotélica. Al agregar los avances de los tres registros de Lacan, para comprender el hombre como ser parlante y deseante, pudimos enriquecer este modelo que se nos fue organizando con cada vez mayor grado de complejidad para entender a un mundo realmente complejo y al hombre también complejo en su constitución Subjetiva y Colectiva.

Veamos cada Indicador del nuevo sistema o régimen del triángulo lacano-vitruviano, en una situación contemporánea de post-metafísica.

5.1. *Utilitas*. Si durante la metafísica y su largo recorrido desde sus orígenes (en el siglo VII a.C.) entre Tales de Mileto o Pitágoras que intentaron matematizar la música según la teorización del método observacional. Aun así, la metafísica decidió dejar fuera del pensar a los sentidos. Estos se conmovían con el retorno de lo mismo que los deslumbraban y perturbaban con sus acordes, armonías y por qué no, algunas disonancias que se escapaban. Saber por anticipado la utilidad o destino de una obra, era una condición inevitable de la arquitectura, hasta que comprendimos que esta Utilitas, nos habló con Kant de fines internos de cada obra, además de los tradicionales externos, que por evidentes no se lo categorizaba, fue la actitud post metafísica la que nos liberó del encadenamiento borromeo obligatorio y por el contrario era posible liberar cada Indicador de cada Variable a fijar sus propios objetivos, meta, fines o destino dentro de la epistemología de la Investigación Proyectual. Así nosotros comenzamos a hacer ejercicios no necesariamente como nos exigía la tradición moderna: "la forma sigue a la función", o sea, comenzando por su finalidad externa clara, transparente y precisa, sino tratándose de la arquitectura, podíamos penetrar o comenzar por cualquier punto de su Procedimiento Configurador (PCA). Este pensar liberador nos posibilitó detectar cuestiones como los dispositivos del habitar, y los ejercicios de los antidispositivos, o los irreductibles elementales para pensar una vivienda.

Esta manera de proyectar era ya toda una innovación que nos posibilitaba la IP en manos de los proyectistas ahora responsables del proyectar como creación.

5.2. *Firmitas*. Este Indicador de la Variable Componentes es la que más cuesta hoy superar, por el peso que la permanencia, tenía en la construcción de una obra de Arquitectura metafísica. La flexibilidad, que, en la arquitectura oriental, era un valor ya en los principios de su arquitectura, en la occidental metafísica con la mímesis como canon, era una debilidad inaceptable. Qué significa pensar hoy la *Firmitas* y todos los sinónimos y aproximaciones derivadas, desde la dura materialidad y su carga de significados heredados como que la madera es lo natural, el bronce es noble, el mármol es solemne, y los plásticos son materiales fungibles y falsos, que encima se prestan a imitaciones que ya no permiten reconocer lo legítimo de lo imitado. El texto de la Cultura Material del libro de Francisco Liernur de la colección SCA POIESIS Nobuko y los de Richard Sennett, o las obras de Herzog de Meuron o las escultoras de Gamarra, todos avances en el pensar del siglo de la post metafísica como avances y pensamientos en esta línea. Donde la cuestión de la tectónica propia de la arquitectura va más allá de la técnica y la tecnología.

5.3. *Venustas*. Este tercer vértice de los Componentes vitruvianos como Indicador *aggiornado* con su replicación de cada polo y además con los registros lacanianos modificados nos ofrece una oportunidad para repensar en el mundo de los sentidos sensibles que fueron excluidos del pensar metafísico en sus orígenes y los significados que ellos traían incluso desde un pensar metafísico irreverente respecto a sus mandatos originales. Este aspecto ligado a la *aisthesis* se incorporó como Variable preexistente de la creatividad con sus cuatro Indicadores (modo de producción, modo de recepción, posición en el campo intelectual y valores disciplinares y transdisciplinares) de los aspectos de la creatividad cuando estudiamos las condiciones de la recepción de las obras de arte. Por eso ahora la *Venustas* en la post metafísica se la estudia como el cuarto polo del "*Régimen poiésico estésico de la Arquitectura*" ligado a todo el conjunto y al polo social de impulso y recepción de la totalidad.

Segundo Round
El mundo real, el Real lacaniano, la realidad del *parletre*

Sabemos que Lacan propuso tres registros para comprender el mundo real de los hombres. Así como Kant nos habló de dos aspectos: el fenómeno y el *noúmeno*; Lacan nos habló de tres elementos: el Real, el Simbólico y el Imaginario. Esta división del mundo Real en realidades (o descripciones parciales) del mundo tiene gran cantidad de propuestas.

¿Se puede simplificar o reducir el mundo real, a la categoría de ser un registro más, con las mismas cualidades y virtudes que el Real? Más aún, como propone originalmente Lacan para los otros dos aspectos del mundo real: el universo Simbólico, de los números, las ciencias y las técnicas de la exactitud consensuada previamente por los humanos o al universo de las imágenes, o Imaginario del arte, la retórica y todo aquello que es opinable y casi imposible de consensuar y conseguir juicios universales de las verdades construidas, transitorias y fragmentadas, pese a las aspiraciones de los post o neo kantianos y otros pensadores.

¿No deberíamos pensar que el mundo Real posee, en el mismo nivel de los otros dos Registros un tercero del habla y esa palabra viva, pero, además, escrita lo intenta explicar, dar cuenta de un aspecto de su existencia tan decisiva y tan problemática? Un tercer registro que por ahora no se ha nominado, pero que indirectamente le hemos designado con el título abarcativo de Cultura Textual, y que coloqué provisoriamente en el artículo de las Tres Culturas. En consecuencia si no aceptamos que el Real sea uno más de los tres, parece legítimo y necesario crearlo, pues en toda la historia de la Arquitectura siempre se han realizado relatos, críticas, historias de sus obras y no alcanza con el aséptico lenguaje de la cultura textual de los tratados y manuales, en el interior del registro simbólico disciplinar, consensuado en su gramática y su sintaxis, sino que hablamos de un tercer registro cercano a la imperfección del habla viva cotidiana cargada de metáforas, aproximaciones, e inexactitudes, que pronunciamos con errores, distorsiones, tergiversaciones, los humanos en los actos de habla en el intercambio de la vida cotidiana.

Otra alternativa posible es colocar el lenguaje en toda su extensión decididamente en la cultura textual y que allí su producción vaya en degradé (Gramsci) desde la baja a la alta cultura, desde la imperfecta habla cotidiana a un hablar reglado y legislado (sin la ambición del *Tractatus*), pero con acuerdos y límites en la comunicación.

Proponemos que el supuesto "Real incognoscible e imprevisto" tenga un registro propio que lo represente en las "tierra de los registros humanos" con un material propio exclusivo y excluyente: la palabra, la lengua y ya que no puede ser atrapado, ni por el Simbólico, ni por el Imaginario, proponemos este tercer registro (que se hará cargo de la palabra viva, y de la letra (la palabra escrita de la misma), de igual peso que los otros dos mencionados y que ahora todos queden bajo el gran "paraguas" del mundo Real, omnipresente e imprevisto y este sea propio del universo textual que como modo de representar el mundo Real, solo alcanza la categoría de "realidades construidas con la pluma y la palabra a imagen y semejanza del mundo Real", pero que jamás lo consiguen. ¿Qué pasaría si buscamos otra manera de re-constituir o "re-presentar" el mundo Real con un modelo (o ficción) que dé cuenta de sus tres maneras de ser, de existir? Por ejemplo, la imagen visual o de los sentidos sensibles; el universo de los materiales, la ciencia, las técnicas y las tecnologías; y uno más que sea el del lenguaje hablado y escrito. La palabra y la letra como registro que pueden dejar, desde su propia existencia Real, una huella clara de su existencia en el universo humano de los registros.

Tendríamos así tres Registros que en el nudo borromeo tendrían en su centro el Real cuando los tres se anuden para coexistir con materialidades, fines y creencias de sus diferencias.

El universo textual, formado por la palabra hablada y escrita, por textos de términos con sentido y significado que se conjugan en la lengua materna con una gramática y una sintaxis que le fijan reglas, de cumplimiento absoluto, pero finalmente relativo ya que no cesan de aparecer las excepciones (el lunfardo, los dialectos, etc.) que se colocan en los extremos opuestos cuando se trata de los otros registros.

1. El universo de lo Simbólico, del mundo de las ciencias y las técnicas y tecnologías, basado en la exactitud de los teoremas y los cálculos que opinan de aspectos muy limitados del mundo Real, pero aspiran a hacerlo de manera única y definitiva como verdades universales, hecho que no siempre se cumple, más aún no cesan de aparecer cambios y modificaciones.
2. El universo del Imaginario, del mundo de las imágenes, con intentos retóricos en algunos momentos históricos del arte y la letra poética, este mundo imaginario que Lacan lo imaginó para el trabajo individual, Castoriadis lo llevó al plano de lo social y subjetivo.[1]

El diagrama de la siguiente página es un intento de representar los Componentes necesarios de la arquitectura no siempre reconocidos por todos, como afirma Félix De Azúa citado más adelante y que presenta todas las Variables que se juegan en la disciplina aún hoy.

---

[1] Tal como se puede ver el artículo titulado "La Arquitectura en la encrucijada de tres culturas: la textual, la material y la visual" de Jorge Sarquis. Situación totalmente singular de la Arquitectura y para la Arquitectura.

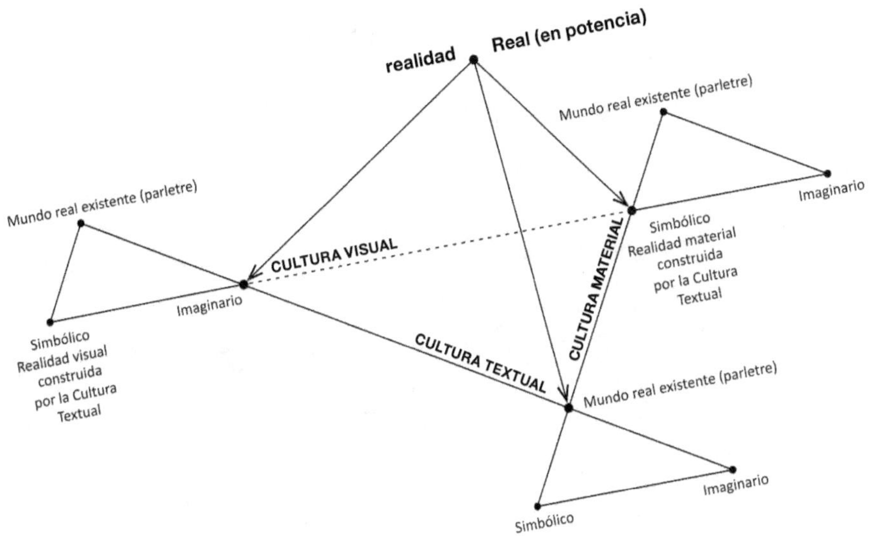

Esta representación, compleja, supera y enriquece las anteriores, desde la primera vitruviana: *utilitas*, *firmitas*, *venustas*.

El nudo Borromeo

Se llama nudo borromeo o nudo *Borromi* al constituido por tres aros enlazados de tal forma que, al separar uno cualquiera de los tres, se liberan los otros dos. Pero estrictamente hablando es un enlace. En psicoanálisis, a partir de la enseñanza de Lacan se utiliza el nudo borromeo para indicar la estructura que forman los tres registros del ser hablante, tal como se presentan en la experiencia analítica: el registro de Lo Real, el registro de lo imaginario y el registro de Lo simbólico, cuyo triple enlace define el objeto a, "causa del deseo". Introducido con otra función en el

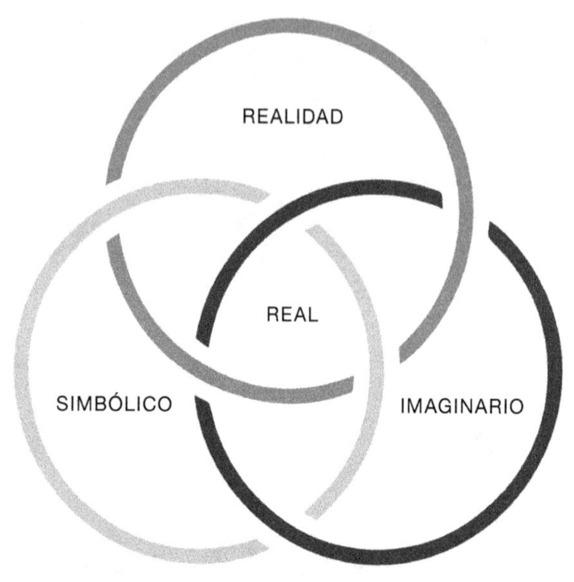

REALIDAD
REAL
SIMBÓLICO
IMAGINARIO

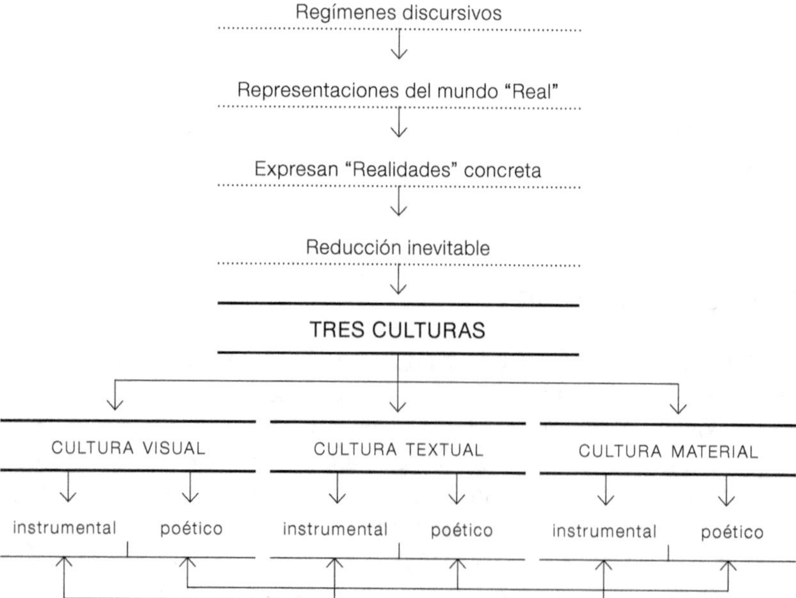

Regímenes discursivos
Representaciones del mundo "Real"
Expresan "Realidades" concreta
Reducción inevitable
TRES CULTURAS
CULTURA VISUAL
CULTURA TEXTUAL
CULTURA MATERIAL
instrumental
poético
instrumental
poético
instrumental
poético

Seminario 19 de Lacan (1971-1972), el nudo borromeo pasa a ocupar un lugar central en la formalización de la estructura dos años después. Su relevancia clínica, comprobada en el Seminario 23 (1975-76) para el caso de James Joyce se generalizará un año más tarde por medio de un nudo de cuatro lazos que, a los tres registros, agregará el *sinthome*.

Si aceptamos, por un momento el planteo de tres registros antes descritos que tienen el mismo nivel jerárquico y un Real que finalmente no acepta ley alguna, si bien algunos psicoanalistas reconocen que existe un lugar o registro que Lacan, en sus últimos años, podría haber denominado *parletre* (el ser de la letra) lo que sería el registro del hablar cotidiano donde se incorporan en esa habla con toda la vitalidad humana y la mezcla de metáforas, imágenes, etc., su textualidad sería una mezcla de las expresiones simbólicas consensuadas, las imaginarias libres y no consensuadas, este *parletre* sería aquella textualidad impura y no transparente, tal como aspiran los otros dos registros, a sus propias leyes de legitimidad.

Si bien el registro imaginario del lenguaje y el registro de lo simbólico refieren a parte de ello, la realidad del Real del hablar vivo o sea del vivir, tiene también un registro terrenal a la par de lo simbólico e imaginario y al que proponemos denominar realidad textual o registro del Real parlante. Reiteramos la pregunta que nos inquietaba: ¿Se puede simplificar el mundo Real a la categoría de registro? Conjeturamos que no. Esto responde sólo en parte a la pregunta inicial.

Realidad, entrégate que estás rodeada

Podría decir (cualquier Durán Barba), en la creencia que ha podido identificar (como nadie) los procedimientos sobre cómo manejar a la sociedad (la gente) en ese aspecto del "semblante" del Real, de una voz que habla y sabe desde un cuerpo deseante y sexuado. El *coaching*[2] es un saber que se utiliza para simplificar la vida social de la gente y hacerla más sencilla, o sea, reducir su complejidad mediante consignas y voluntarismo que le reducen la capacidad de ejercer el pensamiento crítico, confiando la educación a la neuro ciencia. Nos quieren hablar de un Real

[2]   El *coaching* - Tecnicatura en *Coaching* Ontológico.

que es apenas un *parletre*, una realidad registrada del discurso vivo, pero descontrolado y apenas una mala parodia del Real, dicho "Real" no se puede entregar porque existe, pero carece de existencia real y en su núcleo alberga el acontecimiento inicial del *"Big Bang"* originario.

No irrumpe desde su no lugar, sino de su no todo, su existencia como iluminación momentánea, como sostiene Benjamin, no sabemos de dónde viene, para qué viene, y no tiene objetivos ni metas. Ni para qué, ni por qué, ni cómo hace, no se lo puede repetir. Tiene algo de todos ellos, no tiene qué ni para qué, ni por qué, tiene algo de todos ellos y en la angustia del no saber, buscamos rápido en el mundo simbólico o el Imaginario, argumentos para explicarlo, y apenas tenernos rumores, huidizos y zigzagueantes.

El capitalismo sabe que no sabe todo, que no domina todo el Real sino apenas sus *parletre* (el *Ser* de la *letra*) pero le alcanza para dominar el mundo de los seres vivos que va vaciando de contenidos propios. Carlos Martínez Bouquet cree que lo atrapa con las escenas que imitan sus melodías latientes, siempre sugerentes, pero siempre esquivas. Yo mismo me creo con suerte porque describí esto, que para mí es apenas una idea o tal vez una ocurrencia absurda.

¿Estoy en la verdad? ¿En lo cierto? ¿Quién puede afirmarlo? Los tremendos desarrollos de la informática creen que podrían dominar la Totalidad ¿y la Arquitectura y la IP que son? Un conjunto de realidades articuladas y en tensión permanente y por eso siempre re-interpretables. Las nuevas ciencias del *marketing*, la *neurociencia* y el *coaching* no prevén un futuro donde el individuo viva en la creencia que la felicidad se captura por un trabajo sobre cada uno, superando barreras y dificultades para lograr conocer el mundo Real, dirían. Son tantos pensamientos complejos e inútiles, que si ficcionamos un mundo real, todo va a ser más sencillo y si no allí están los libros de la autoayuda para prometernos un futuro de gloria. Sin duda es una frase provocativa en el mundo del Psicoanálisis lacaniano, que es de donde viene la idea de un Real, impredecible, sin existencia real pero cuando actúa puede ser un tsunami demoledor. De allí su grado de pariente cercano del "acontecimiento" de Badiou, y también, muy cercano a Rancière, pero ahora lejano de Bourdieu cuando supone que conocer todo sobre los elementos que constituyen el real campo intelectual, la obra "creadora" que emerge es totalmente previsible. Tesis rebatida por Rancière cuando crea la noción de tejido social sensible y agrega: es absurdo negar la existencia del Campo Intelectual, pero más aún desconocer que en el trabajo del mundo del arte, emergen sujetos que se elevan por sobre lo existente y capturan y crean una idea, un silencio, un sonido, actos sensibles que se transforman en acontecimientos artísticos que marcan un antes y un después. Frase que también es posible atribuible a Wittgenstein cuando cree que con el *Tractactus* que será perfecto y de que de "lo que no se pueda hablar es mejor no hablar". Pero el lenguaje imperfecto en el que creyeron fervientemente todos nuestros emancipadores y revolucionarios en los primeros años de sus gestas (Revolución francesa, rusa, mexicana, haitiana, todas las del Pacífico del siglo XIX y todos los del Atlántico de fines del siglo XX) fueron claudicando de su potencia creadora.

Algo extraño nos ocurre, hecha la revolución, o el cambio esperado, tan ansiado, comienza una fase donde parece dominar la pereza intelectual, los hábitos, en fin, lo que sea y abandonamos el contacto con el pueblo, con los desheredados que seguirán igual, ya que fueron excluidos de la construcción del mundo real. Y así se pasa de un estado político a un estado policial, con líderes hegemónicos que intentan homogeneizar las primeras ideas y no repensar en cada instante que en cada momento está sucediendo en toda la sociedad.

En definitiva, sus frases cargadas de verdades caducas (el arte ha muerto, la mujer ha muerto, el hombre ha muerto, etc.) que querían decir: la antigua concepción que se utilizaba del arte, esa concepción ha muerto y por consiguiente sus nuevas concepciones derivaran hacia otras verdades. Así en cada disciplina cuya muerte se anuncia.

Tercer Round
Variables e Indicadores + Real y realidad + real entrégate que estás rodeado

En este Prólogo estamos presentando el estado actual del desarrollo de la IP con todos los cambios, desde nuestro punto de vista avances, que trabajando en su Onto-Epistemología no cesan de producirse y esto dificulta la producción de mi actual libro que debe resignarse a la foto del momento actual de su desarrollo. La idea de plantearlo como un combate debe su origen a como lo vivo y lo vivimos en POIESIS sus integrantes y aquella frase tremenda de Bourdieu cuando dice que el Campo Cultural e Intelectual es un campo de batalla donde los microbios tratan de eliminarse unos con otros.

Los elementos descritos en el primer round de las 5 (cinco) Variables y (14 o 15) Indicadores, se corresponden a los "rudimentos" de la IP, el segundo round trata de una propuesta polémica: "Real entrégate que estás rodeado"; el tercer round intenta dar cuenta de una nueva "estructura" o mejor un *"Régimen poiésico Æsthésico de la Creación Proyectual"*, al que he simplificado en llamar *"Régimen poiésico Æsthésico de una Arquitectura Ipeada"* que se completa en el cuarto Polo con la *aisthesis*.

El tercer round que vamos a acometer por escrito, toma los 2 rounds antes disputados, los cuales corresponde ahora encuadrarlos en una estructura constituida (en una primera síntesis) por cuatro Polos básicos (o núcleos problemáticos) formulados como hipótesis:

1 POLO SOCIAL Y SUBJETIVO.
2. POLO DISCIPLINAR ONTO-EPISTEMOLÓGICO DE LA ARQUITECTURA (Matriz Disciplinar).
3. POLO *POIESIS*: a) producción del Programa Complejo, el Proto-Proyecto de producción proyectual, b) las Experimentaciones Proyectuales y c) el Proyecto Global.
4. POLO *AISTHESIS*: recepción (evaluación y juicio de valor).

¿Cómo operan estos cuatro núcleos problemáticos? Hay un cuadrilátero de cuatro polos que forman dos ejes: el primero es el eje integrado por dos Polos (1 y 2): El Social Subjetivo y el Disciplinar de la Arquitectura. El segundo eje, el *poiésico-aisthésico* (Polo 3 y 4) es el verdadero eje creador del Proyecto y la Arquitectura que trabaja desde el Polo 3, de la *Poiesis* o producción que elabora en 3.1. la Identificación del Problema (en dos rondas con las Variables e Indicadores); en el 3.2. la formulación de un enunciado o hipótesis proyectual; en el 3.3 la Creación de una Idea Arquitectura; en la 3.4. Creación de un Proto Proyecto; en el 2.1. anterior se forman sujetos individuados que tendrían capacidad, en sus roles, para actuar en el Campo Profesional, Formativo, o Investigativo.

Recordamos sumar del Polo 2.1 la formulación de una Matriz preparada ad-hoc por POIESIS, que ayudará a generar un Proyecto arquitectónico, desde su Proto-Proyecto básico hasta su concreción final, y además formar arquitectos en el rol de Iml e indagar desde la Matriz el mundo real.

3.5. En el mismo Polo de la *Poiesis* se realizan los Experimentos Proyectuales, en base a las Variables e Indicadores y lo producido en el punto 3.1. de los Programas Complejos y la Creación de un ente Proyectual complejo tomando los avances anteriores y en su proceso por lograr materialidad, espiritualidad, expresión y finalidad, será, por último, un Proyecto y tal vez se completa el Proyecto, con una Obra de Arquitectura. Este tercer Round se cierra con el resultado del combate explicitado y desplegado en el 4° Polo de la *Aisthesis* que, por ser una lucha por interpretar obras, es como toda lucha en el Campo Intelectual, a muerte.

3. Polo *Aisthesis* de la recepción de la obra por la Disciplina y la Sociedad e Individuo. Su evaluación cierra el recorrido por el cuadrilátero, cuando este Polo debe dar cuenta de lo Producido al Polo 1 de la Vida Social y subjetiva. El Interlocutor Mayéutico Imaginario (ImI) colaborador acompañante del proyecto desde el punto 1.3., así nombrado en homenaje a el Dr. Psicoanalista Carlos Martínez Bouquet, creador del personaje intrapsíquico llamado Interlocutor Imaginario, al que le hemos agregado la idea de mayéutico, como insoportable instigador que te acompaña desde el primer Round, para recordarnos las Variables e Indicadores. Parece pertinente reiterar que la figura inédita del ImI ayuda al proyectista a transitar el recorrido de la Investigación Proyectual, haciendo surgir la idea arquitectura, un proto-proyecto, al que hará crecer hasta un proyecto, siempre y cuando su realizador posea el conocimiento, el entrenamiento y las claves para activarla desde el primer round hasta el presente tercero. Pero más misterioso aún sería explicar cómo hace el Investigador Proyectual (constituido, dijimos, por la formula IP = P + ImI) para hacer pasar el "no ser" del proto-proyecto en base a la idea arquitectura, de la inexistencia a la existencia Real de un régimen ipeado.

La Situación Coyuntural

La lucha entre los saberes, tal como cita Pierre Bourdieu en el acápite del "Proyecto Creador",[3] es intensa y a muerte. El Conicet ha aceptado formar una Comisión de Diseño y Hábitat y, dentro de ella, la posibilidad de realizar Investigaciones Proyectuales que generen Conocimientos Disciplinares y Sociales. Para ello se requiere ser precisos al definir la Investigación Proyectual y cuáles son las Teorías, Metodologías y Técnicas que la acompañan en sus fundamentaciones. Se trataría de la posibilidad

---

[3] Bourdieu, Pierre. *Campo del Poder y Campo Intelectual.* Proyecto Creador. Ed. Folios, 1983.

de presentar al Conicet la solicitud de un subsidio o beca para realizar una investigación proyectual que se llevará a cabo en el ámbito de una maestría o doctorado en ADU, en las disciplinas pertinentes para resolver los problemas que se hayan localizado en el territorio de lo urbano, lo arquitectónico o lo objetual. El Problema Identificado debe ocluir perjudicialmente o entorpecer el fluido desempeño de la vida social, considerando los nuevos escenarios del habitar que está solicitando el siglo XXI a través de los jóvenes arquitectos europeos y americanos.

Estas investigaciones se realizarán mediante la creación de un proyecto (en el sentido más canónico[4] del término) preparado y acondicionado especialmente para hacer un recorrido o itinerario específico que dotará al proyecto resultante de los elementos que den cuenta visualmente, con dibujos y maquetas, del problema (identificado y) resuelto mediante las ideas arquitectura y el enunciado proyectual que dirá su palabra como una propuesta, conjetura o promesa textual que explicitará los modos y maneras de arribar al resultado esperado. De esta forma se pueden cumplir las expectativas institucionales, demostrando que las inversiones realizadas respetaron los fines o metas previstas y propuestas.

Emergencia del Investigador Proyectual en el proyecto canónico actualizado

La Investigación Proyectual es un activador mayéutico para enriquecer, con nuevos atributos, el proceder canónico[5] conocido e instalado por los grandes maestros a principios del siglo XX con sus propias obras, pero sin rechazar aquellas líneas de pensamiento y hacer arquitectónico que llegan a la actualidad con críticas a las reiteraciones, desvíos y estancamientos; además, con realizaciones de nuevas experiencias arquitectónicas cargadas de valores y significaciones, como así

---

[4] El *sentido canónico* alude a lo que se muestra y demuestra en las obras consagradas como paradigmáticas por la crítica histórica establecida como Arquitectura moderna.

[5] Ampliando este concepto, ya definido, diremos que *canónica* alude a una obra consagrada por valores propios y específicos de la Literatura a partir de Cervantes y Shakespeare. En Eisenman es una condena de lo antiguo que permanece y fija las reglas, por lo cual nos demanda ser herético ante ello.

también con lecturas radicales de la disciplina y de un mundo que apunta a construir un discurso homogéneo y hegemónico y abstracto basado en el Dios dinero, o la Sociedad Post Proletaria y el trabajo precarizado de Diego Fusaro.[6] Luego de los años 50, tanto el hacer proyectual como el resultado arquitectónico sufrieron alteraciones que desvirtuaron no solo su proceder sino sus objetivos y su destino, así como también la arquitectura conocida.

Como decíamos, los movimientos que superaron los años 50 y experimentaron por otros caminos (lo que en nuestra epistemología conocemos como Fines Mixtos de la Arquitectura, o utopías) en esos años de las Vanguardias Históricas, instituyeron dos corrientes de pensamiento y producción de las obras de Arquitectura. Una línea, muy bien interpretada por Álvaro Arrese[7] en su libro *El gran taller de la década prodigiosa 1922-1933*, se constituye con obras que serán paradigmáticas en cuanto a la instauración de la considerada Arquitectura Moderna y dentro de la cual se encuentra lo que algunos historiadores llamarán Movimiento Moderno. Pero muchos otros, contemporáneos del mismo tiempo histórico, que pensaban y generaban de acuerdo a otros principios, no se encuadran en dicho Movimiento Moderno[8] por no adoptar el criterio de la abstracción como Indicador básico para catalogar una obra de Arquitectura Moderna. Otra línea, que en parte se incluye en el libro de Arrese, está representada por los proyectos experimentales de Tatlin, Marinetti, Le Corbusier, Wright, Williams, Niemeyer, enmarcados en años de creación y propuestas. Se retoma luego con el Archigram en los años 60, entre muchos otros, ante el avance de una Arquitectura que ha desviado su camino hacia la reproducción anodina, pero no inocente, de un capitalismo cuya expresión arquitectónica en el siglo XXI es Dubai, metáfora del espectáculo y el consumo capitalista.

---

[6]   Fusaro, Diego. Autor de varios libros sobre estos temas. Tomado de Internet con su nombre.

[7]   Arrese, Álvaro. *El gran taller de la década prodigiosa 1922-1933*. Buenos Aires: Ed. Concentra, 2015.

[8]   M.M. Movimiento Moderno fue la denominación que algunos historiadores dieron a una corriente del pensamiento y producción de la Arquitectura, que sostiene ideas totalizantes y aspira a demarcar la disciplina bajo ciertos principios (internacionalismo, abstracción, rechazo del hacer y pensar clásico), para que las producciones que cumplan estos requisitos sean aceptadas en su seno.

La Idea Arquitectura

Ya tenemos el cuadrilátero (campo de batalla), los momentos, los actores, las producciones y su lado. Este será el recorrido al que proponemos ver no como *"Trayecto"*, que sabe desde donde sale y adonde llega, sino como proyecto que no sabe exactamente de dónde sale y no tiene la menor idea de adonde puede llegar. Nos referimos al nacimiento de la idea arquitectura. A partir de su emergencia, derivará el Proto-Proyecto, tendrá básica y potencialmente una serie de rasgos que serán comunes a todas las obras de Arquitectura, pero no necesariamente modernas, de alguna línea o corriente estilística especial. No debemos ignorar tampoco que es una instancia crucial en cuanto a la aparición del *allure*,[9] la magia y el encanto de la obra, que no es fácil de conseguir y que además no puede ser un objetivo obsesivo a lograr. Esta idea nace de la experiencia del inicio de los PCA de los talleres experimentales de grado, que no olvidan que el destino final es hacer un proyecto de Arquitectura y no una escultura de libre morfología o el juego formal de cualquiera de las artes plásticas, incluso, de la literatura o la poesía. Ante esta situación tomamos las precauciones para centrarnos en la estructura que emerge.

¿Cuáles son los rasgos y elementos que no pueden faltar para que se despliegue el proceso de individuación del arte-facto?

El ente deberá contener la posibilidad y en potencia la constitución de una materialidad que será tomada en su rol de sostén, soporte y límite, pero también como componente expresivo imaginario. El ente deberá contener la posibilidad y en potencia la constitución de un vacío interior que se erigirá en ámbito, lugar, sitio, cubierto, semi-cubierto o descubierto, para cumplir diferentes destinos. Entre los dos entes anteriores (materia y vacío) se constituirá un ente limitante material que pondrá el cierre a dicho vacío geométrico, para fabricar la arquitectura necesaria para vivir en sociedad. Después, el desarrollo del proyecto de la Arquitectura poseerá infinidad de atributos, que el proyectista le irá incorporando y que expresará según sus intenciones.

En los capítulos siguientes vamos a definir los elementos imprescindibles que participan en el mismo.

---

[9] *Allure*: proviene del francés: encanto, núcleo misterioso y seductor.

Segunda Ampliación

El polo I del Campo Social y Subjetivo es donde se sitúan los saberes y conocimientos de las Ciencias Históricas y Sociales y la Variable Contexto espacial y temporal de los aspectos disciplinares y sobre todo transdisciplinares, que influyen en el desarrollo de la Arquitectura. El polo II de lo disciplinar propio de los arquitectos y diseñadores se apoya en la Variable propia de la filosofía del conocimiento y *mater* de esta epistemología: Dimensiones: Teoría, Metodología y Técnica, pensada desde la Post-metafísica. Desde allí se forma el Tejido Social Sensible y arma la disciplina y la Matriz Mayéutica que apoya al arquitecto proyectista (egresado en el mundo occidental) con el Interlocutor Mayéutico Imaginario; superando la noción de Campo Intelectual de Bourdieu. Entre ambos polos constituyen el eje con el Polo 0 subjetivo y social, y el Polo 1 siendo el disciplinar de los arquitectos, de base centralmente epistemológico. El Polo 2 de la *Poiesis*, o de la producción, se apoya en las Variables Componentes, Fines y Campos de actuación. Se despliega en tres fases, que en el caso de la maestría se concretan en los tres talleres sucesivos de la cursada, en los primeros cuatrimestres. El primero está dedicado al armado del Programa Complejo que tiene tres objetivos muy claros: identificar el problema que tenemos entre manos, generar una Idea Arquitectura y un proto-proyecto. El segundo cuatrimestre tenemos un Taller Proyectual Experimental elaborando proyectos parciales basados en la tectónica y las definiciones de los otros Indicadores, y el tercero realizando el proyecto global. El Polo 3 de la *Aisthesis* debe completar y fundamentar el eje del "Régimen *Poiésico Aisthésico* de la Creación Arquitectónica". En este eje se constituye el juego de los Polos 2 y 3 y este Polo de la *Aisthesis* se enfrenta a la ponderación que el Polo 0 Social y Subjetivo que tiende a ponderar la tarea realizada junto al Polo 1 de los valores disciplinares. En este cuadrilátero se libra la batalla armada. Trataremos de estar atentos al desarrollo del combate en el segundo eje *Poiésico Aisthesico* de los cuatro pilares que cierran el cuadrilátero.

El elemento antes descrito debe encuadrarse en una estructura constituida por 4 Polos básicos o núcleos problemáticos formulados como hipótesis de los fundamentos:

1. Polo social y subjetivo
2. Polo disciplinar Ontología - Epistemología - Matriz.

3. Polo *POIESIS*, Programa Complejo, Proto-Proyecto Polo producción proyectual.
4. Polo *AISTHESIS*: recepción - evaluación - juicio de valor.

Parece pertinente reiterar que la figura inédita del Interlocutor mayéutico Imaginario (Iml) ayuda al proyectista (P) a transitar el recorrido de la Investigación Proyectual (IP), haciendo nacer de la Idea Arquitectura un Proto-Proyecto, al que hará crecer hacia un Proyecto, siempre y cuando su realizador posea el conocimiento, el entrenamiento y las claves para activarla. Pero más adecuado aún sería explicar cómo hace el IP (constituido, dijimos, por un P + Iml) para hacer pasar el "no ser" Proto-Proyecto de la inexistencia a la existencia, para transformarlo en un Proyecto, un existente, mediante una gestión poiética donde participa un Activador Mayéutico o figuras similares.

¿Y cómo describir el modo de operar de este "ente" IP?[10] Con otro tipo de relato.

Partimos de un sujeto proyectista pensante, formado disciplinarmente, iniciado en la IP e integrante de un colectivo social. Para realizar su proyecto Ipeado cuenta con una Matriz Poiética, cuya finalidad es cooperar con el surgimiento de la Idea Arquitectura, la cual va adquiriendo las cualidades de un Proto-Proyecto. Pero si la ignorancia es la clave y no hay genio maligno kantiano que nos ayude, afirmar que la IP (como estructura estructurante e instituyente de la Arquitectura y su PCA) nos resuelva el problema, ¿es verdad?, no es del todo cierto. Hay muchas cuestiones por definir. ¿Qué hacer? desde luego, un Proyecto. ¿Cómo hacerlo? mediante la IP. ¿Dónde hacerlo? en el Contexto elegido. ¿Con qué Fines? Externos, Internos o Mixtos. ¿Con qué materiales? Componentes heterogéneos. ¿En qué Campo? Profesión, Formación o Investigación. Este hacer está definido en el Indicador Metodología de la Variable Dimensiones, pero es finalmente arquitecturizado mediante la Variable Componentes y sus Indicadores, con las condiciones de posibilidad que se verifican en todas las demás Variables e Indicadores.

Entonces tenemos todas las Variables e Indicadores nacidos del corpus disciplinar canónico aceptado, pero reestructurado como una matriz generadora, según nuestra concepción, atravesada por la noción de cambio permanente y reelaborada por cada uno en una primera ronda.

---

[10] IP se refiere tanto a la disciplina de la Investigación Proyectual como al IP o Investigador Proyectual sujeto creador o ente que clava adelante el combate con su cuero en acto.

Esto se juega en la Variable mayor de las Dimensiones, que no se entrega, ni se deja definir fácilmente. La Variable Dimensiones (como Variable mayor general del sistema de Variables e Indicadores, que nos introduce en la tematización de sus tres Indicadores: Teoría, Metodología y Técnica) condicionará todo el PCA según la IP, que se pone como fin principal elaborar un Programa Complejo, cuyas metas principales son: Identificar El Problema, obtener las Ideas Arquitectura generadas y establecer los Enunciados Proyectuales.

La segunda fase, la de las Experimentaciones Proyectuales se convierte en una tarea fundamental, no solo para avanzar hacia la Tercera y la Cuarta fase, sino para exhibir (por sí misma y hacia la sociedad) sus trabajos, los cuales cumplen varios objetivos y pueden legítimamente tomarse como algunas de las prestaciones que estarían en condiciones de brindar las IP a nivel de ejercicios, para indagar cuestiones de la Epistemología de la Arquitectura, aplicando sus procedimientos:

1. Visualizar problemas que no se habían advertido.
2. Ofrecer repuestas como conocimientos arquitectónicos no conocidos, ante problemas inéditos o invisibles.
3. Trabajar cruzando Variables e Indicadores en dramatizaciones para comprender el tema a fondo.

También decíamos que la IP puede definirse como un significante vacío, denominación posible para este ente que emerge desde las Ideas Arquitectura y crece en su desarrollo individuante, hasta ser un Proyecto. Posee un plano o estructura matriz del saber que se encuentra disponible para ser interrogada por el Instigador Socrático o Agitador Mayéutico, quien va armando el proyecto desde el primer día. Cuando afirmamos que la IP es una Matriz, aludimos al mismo sentido que le otorga Katya Mandoki[11] al hablar de ciertas estructuras estructurantes, generadoras de subjetividad (procesos de individuación) de Sujetos, de Campos de Prácticas Sociales y de Artefactos Materiales que coadyuvan con la vida

---

[11] Se utiliza el concepto de Matriz, desde varios autores: J. Samaja (epistemólogo) como Matriz de datos. Muchos cuadros iniciales de nuestra epistemología nacen de esta idea, que luego desechamos por el fuerte acento instrumental que aspiraban traer a la Arquitectura. El que creemos más importante lo hemos tomado de Katya Mandoki para definir la gestación Proyectual en el Proto-Proyecto a través de la *Matriz de la Investigación Proyectual* cargada con las Variables e Indicadores. Mandoki lo toma de Luckmann y Berger, de quien hace un importante desarrollo para su tesis en sus tres Tomos de la Estética Prosaica.

del hombre en sociedad. Simondon[12] aporta la idea de Individuación de los humanos, la sociedad y los objetos artefactuales.

En cuanto al Programa Complejo, así designado en contraposición al Programa de Necesidades (de una simplificación extrema), en realidad tiene tres fines claros. Se trata de un ente proto-arquitectónico a ser moldeado por el sujeto proyectista asociado al *Iml*, en diálogo mayéutico con la Matriz Generadora del Proyecto; el Sujeto, como actor proyectista *(P + Iml)* que activa todo el accionar proyectual, hace del mismo un ente mutante poiético casi de manera permanente, hasta ser el Proyecto Final. Inicia y promueve el diálogo mayéutico interrogando a las Variables e Indicadores cuya repuesta van aportando a la transformación del Proto-Proyecto en cada fase del PCA, desde las ideas arquitectura que, hipotetizamos, van a resolver el Problema Identificado, hasta el Proyecto definitivo.

El ente Polo 2 de base onto-epistémica, con las Variables e Indicadores, de la ontología de la arquitectura o museo imaginario, o *mnemosine*, es organizado por la disciplina como matriz estructurante y estructurada, que generan los disciplinados y luego son entrenados en ello: el Interlocutor Mayéutico Imaginario, que interroga a la Matriz secundando al proyectista, y de ella obtiene repuestas o conocimientos del tema que será objeto de investigación.

Se trata de la disciplina y sus desarrollos. A partir de una ontología arquitectónica mencionado como "Museo Imaginario"[13]-"Atlas *Mnemosine*",[14] ésta es reorganizada como matriz de Variables e Indicadores con capacidad para generar Proyectos de Arquitectura. Es una estructura del saber instituido e instituyente. El saber onto-arquitectónico incluye referentes paradigmáticos. Nuestra propuesta es no reiterar o reproducir, sino afrontar un proyecto desde la ignorancia de lo desconocido. Esa es la actitud de la IP. Como sostiene Daniel Vera, el poeta:

El acto de saber se confiesa ignorante
Porque el mundo es enigma renovado y creciente
Que en el tiempo o los tiempos arrasa la corriente
De verdades caducas, discontinuas y errantes

[12] Simondon, Gilbert. *La Individuación, a la luz de la noción de forma y de individuación*. Buenos Aires: Ed. Cactus, 2015.

[13] Esta idea refiere a la de André Malroux de su libro *Museo Imaginario del Arte* y que cada arquitecto es muy bueno que lo haga.

[14] Warburg, Aby. Autor de la Idea de construir un Atlas *Mnemosine* de las obras de Arte de preferencia del autor.

Introducción

SANTIAGO MIRET

La Investigación Proyectual es una epistemología del proyecto que se presenta como una matriz vacía de contenido, cuyos elementos estructurantes además de poder ser llenados diferenciadamente dan lugar a ser repensados en su significado. Es decir, existen dos niveles de aproximación operativa a la IP como herramienta proyectual los cuales pueden operar en paralelo o en serie, pero de una u otra manera, ambos son sometidos al escrutinio de un investigador proyectual formado. Uno de los niveles habla del contenido y cómo este se despliega según las variables e indicadores que estructuran la epistemología (segunda vuelta), mientras que el otro nivel habla de cómo entendemos a estas Variables e Indicadores (primera vuelta). En este sentido la IP presenta una serie de herramientas, estructuradas y organizadas de un modo muy abierto y posibilitando diversos enfoques, pero no ofrece los medios o los manuales operativos de esta maquinaria. Esto no lo hace por cobardía u holgazanería, sino porque entiende que es preciso ampliar los registros de aproximación epistemológica del proyecto n buscar respuestas sistemáticamente organizadas para resolver problemáticas.

Así, la IP genera un problema. El problema de verse en la necesidad de sentar una postura que vuelva operativa a una epistemología que, si bien es ampliamente generosa en su modo de estructurarse, es muda a la hora de volverse material específico de trabajo. La IP no sirve a la persona sin intereses. No sirve a los propósitos del despreocupado intelectual. Por el contrario, fuerza a que, para poder utilizarla, exista un interlocutor interesado por asuntos disciplinares. Con dimensiones disciplinares con contenido. De lo contrario, la IP es inútil. Y me refiero aquí a la idea de utilidad de las teorías generales. La teoría en sí misma es inútil si no es apropiada y operativizada con fines creativos, es decir, poiéticos.

Pero esta apropiación es un proceso difícil. Se debe conocer a la IP, ser humilde en las cavilaciones que llevan a aprender de ella y entender cuáles son sus anclajes disciplinares y transdisciplinares. Este proceso, entonces, es complejo y requiere un gran esfuerzo intelectual. En este sentido la IP no es una herramienta de facilitación de tareas, por el contrario, es una herramienta de complejización de los procesos de formación, investigación y profesión con el fin de robustecer intereses, no de crearlos de la nada. La IP no genera intereses, los incentiva, organiza y prolifera en estructuras de pensamiento más complejas que dan lugar a construir hipótesis y desarrollar problemáticas que, de otro modo, sería imposible consolidar de *motu proprio*.

Los escritos en este libro son el resultado de estos desarrollos intelectuales internos. Son construcciones ideológicas de lo que la IP debería ser según investigadores proyectuales formados que conocen su estructura epistemológica y robustecen intereses en función de ella. Si tomáramos literalmente los títulos de los capítulos de este libro (Computaciones, Genealogías, Límites e Inquisiciones) podríamos elaborar una idea de 4 posibles planos de operatividad de la IP, cada uno con sus matices específicos a la hora de indagar en sus interioridades.

La computación como metodología

Si la computación, entendida como verbo en lugar de sustantivo, consiste en la habilidad de computar, podríamos inferir que se trata de una metodología. La metodología asociada al método de computar. El cual no refiere a un modo representacional, sino a un modo operativo. La técnica de la computación refiere a la posibilidad de organizar la información en protocolos lineales y regulados de procedimientos configuradores. Aunque parezca sencillo ahora entender que existe un procedimiento configurador de la Arquitectura, éste es un concepto relativamente nuevo.

La primera aproximación a la computación disciplinar fue desarrollada por León Batista Alberti hacia el año 1450 cuando en su protocolo de desarrollo de la Roma antigua (*descripto urbis romae*), construye un sistema lineal de interpretación de una serie de relaciones materiales. Las implicancias disciplinares de este hecho serían las que sentarían las bases del arquitecto como autor y, más tarde, la del arquitecto como único productor del procedimiento generativo del proyecto. Sin embargo, Alberti presenta estos avances en función de condiciones representacionales, no generativas. El salto hacia lo generativo lo emprendería Peter Eisenman con sus minuciosos procedimientos generativos en sus primeras experimentaciones proyectuales (Houses)[1] pero, sobre todo, intentando descifrar las bases formales de la Arquitectura Moderna en su tesis doctoral de 1964.[2]

Luego de las experimentaciones cibernéticas impulsadas por personajes como Nicholas Negroponte,[3] John Frazer[4] y Gordon Pask[5] entre otros, la idea de computación en Arquitectura se literaliza y se comienza a experimentar con ordenadores. Algunas Escuelas de Arquitectura como es el caso de Columbia de la mano de Bernard Tschumi[6] o la Architectural Association durante la década de 1990 inician un proceso por interpretar cómo transformar estos procesos en generativos. Muchas veces construyendo puentes para con procesos naturales o dinámicas

[1] Eisenman, Peter. *Houses of Cards*. Oxford University Press, 1987.

[2] Eisenman, Peter. *The Formal Basis of Modern Architecture*. Lars Muller, 2006.

[3] Nicholas Negroponte, nacido en Nueva York el 1 de diciembre de 1943 es un Informático y arquitecto estadounidense fundador y director del MIT Media Lab y en el cual es profesor desde 1966. Ha sido vanguardia en lo que respecta a sistemas computacionales asociados a la Arquitectura.

[4] John Frazer es un arquitecto inglés egresado de la Architectural Association que en 1995 publica su libro *An Evolutionary Architecture* en el cual despliega una serie de ideas asociadas a la relación entre cibernética y arquitectura que se vuelve un material ineludible para entender los procesos generativos del proyecto en la contemporaneidad.

[5] Gordon Pask, fallecido en 1996, fue un reconocido psicólogo y cibernético inglés que, entre otros grandes logros, ha colaborado con la idea de proceso computacional asociado a la Arquitectura gracias a su apoyo incondicional a estas prácticas experimentales llevadas a cabo, entre otros, por John Frazer en la Architectural Association durante la década de 1980 y 1990.

[6] Bernard Tschumi es un arquitecto franco-estadounidense cuyas bases teóricas partes del deconstructivismo pero que ha sido un entusiasta de los procesos generativos computacionales. Durante su trabajo como decano de la Graduate School of Architecture, Planning and Preservation en la Universidad de Columbia de Nueva York entre 1988 y 2003 fue un ferviente incentivador de nuevas ideas y experimentales aproximaciones a la disciplina.

organizacionales orgánicas, es durante esta década que se produce un estallido formalista (del bueno y del malo, según Sanford Kwinter)[7] que lleva a la disciplina a una apertura respecto de la generación de la forma hasta entonces inédita.

Al día de hoy, hemos superado esa instancia experimental. Aquella fe depositada por algunos arquitectos de la generación de los noventas en que los ordenadores salvarían a la disciplina ha disminuido su intensidad. Contamos con las herramientas y un fino entendimiento de las mismas, con *software* de fácil aproximación que permite a todos los interesados en los procedimientos configuradores de la arquitectura utilizarlos tanto experimentalmente como de modo investigativo riguroso. Es decir, no hace falta ser un *"computer freak"*, como sucedía en los noventas, para usar computadoras en el proceso generativo del proyecto.

Esto representa un problema, a la vez que una oportunidad. Ahora que todo el mundo puede y sabe usar los ordenadores, es urgente ser más riguroso a la hora de construir aproximaciones disciplinares a los mismos. Ya no sirve simplemente "hacer cosas con la computadora", sino involucrarse epistemológicamente con los efectos que se buscan generar.

El primer artículo del presente libro denominado "Participación, un origen" busca construir una genealogía de los procesos computacionales asociados a la idea de participación ampliamente desarrollada (y, según algunos, fracasada) durante las décadas de los 60's y 70's. La computación como método organizativo de los procesos de vínculo entre las ideas de proyecto y el sujeto que habitaría esas construcciones. El artículo "Maquinaciones" se lanza en la aventura de consolidar procesos maquínicos como respuesta a la necesidad de superación de los procedimientos configuradores tradicionales. Así como Eisenman depositaba su fe en los procesos emergentes de los protocolos diagramáticos (en sentido esquemático) los procesos maquínicos buscan constituir cierta autonomía con un alto rigor geométrico organizativo.[8] El artículo "Digital, Material, Digital" explora las posibilidades experimentales de la materia consolidada por procesos computacionales digitales. En este sentido, el texto se alinea con lo que Jesse Reiser y Nanako Umemoto explicitan en su *Atlas of Novel Tectonics* al referirse a los diagramas como el reflejo

---

[7]   Kwinter, Sanford. "Quién le teme al formalismo". En *Filogénesis: Las especies de FOA*. Actar, 2003.

[8]   Ver Najle, Ciro. "Machinic Manifesto". En *Quaderns d'arquitectura i urbanisme* (244): 126-132, 2003.

organizativo de la composición interna de la materia y a la vez que busca dar consistencia a la máxima a la que refiere Alejandro Zaera Polo al decir que "la Arquitectura es pura práctica material". Finalmente, *"Utilitas Open Source"* es el texto más optimista en relación a la digitalización de los procedimientos configuradores de la arquitectura y busca construir desde este optimismo una arqueología de lo digital que dé cuenta de la condición actual de los procesos generativos del proyecto.

La genealogía como teoría

La genealogía hace referencia a nociones más abstractas, a ideas que tienen que ver con la dimensión de la teoría. El deber de la genealogía es ser consistente para con un pasado con contenido, es decir, la teoría del pasado y su anclaje cronológico para con la contemporaneidad. Lejos de representar un enfoque archivista de la historia, la genealogía es operativa y generativa, en función de entender que la referencia se vuelve operación proyectual. Esto implica tanto un método como una teoría. Una concepción de la Arquitectura en donde la historia es partícipe del presente como material a ser potenciado o, mejor dicho, como material con potencias en estado de latencia. Es una teoría que ansía aprender, persigue el conocimiento de lo hecho como material sobre el cual operar con conciencia disciplinar.

Se diferencia de la teoría archivista en su aspecto proyectual, puesto que es constantemente crítica de lo sucedido y toma este potencial histórico latente como una fuente inagotable de oportunidades de elaboración proyectual. No hay pasado, sino material de trabajo esperando a ser activado por medio de procesos rigurosos. El análisis crítico de partes de obras se vuelve interesante al momento en el que se entiende que estas "partes" no siempre son elementos físicos sino también piezas integrales, constitutivas de la obra estudiada. Los aspectos fenomenológicos, los cuales dependen de elementos materiales pueden, sin embargo, ser estudiados separados de éstos de modo genealógico buscando reconstruir proyecciones arquitectónicas que van más allá de los aspectos prosaicos más mundanos del Real.

"Odisea del Espacio" es la genealogía del espacio como concepción disciplinar, pero también transdisciplinar. Se construye por medio de este artículo una genealogía de la noción espacial determinada e indeterminada de la Arquitectura, desde la noción de espacio clásico hasta la idea de espacio en la modernidad, y posteriormente, cómo esta palabra ha mutado en su significado haciendo un riguroso seguimiento de los acontecimientos que tanto en la Arquitectura como en la ciencia en general han incidido para que esta idea se transforme hasta la compleja noción actual que despliega la contemporaneidad disciplinar. En "Técnica y Arquitectura" se construye el vínculo genealógico entre Filosofía, técnica y Arquitectura. Tres elementos que se entrelazan continuamente conformando y deshaciendo intricaciones de sentido que, a lo largo de la historia, constituyen un material ineludible de investigación.

El límite como técnica

El límite es una condición de regulación técnica. Los límites están asociados a "lo que se puede hacer". Tienen que ver con los tabúes, pero también con las herramientas, los mecanismos, las estructuras de pensamiento y con el saber hacer. Cuando Manuel de Landa[9] dice que el *know-how* del artesano está "encarnado en sus manos" habla de un conocimiento de la técnica aprehendido, pero no decodificado. El saber hacer disciplinar debe poder explicitarse no sólo en función de que pueda ser traspasado de generación en generación y robustecido de los nuevos descubrimientos y avances que la técnica desarrolla constantemente, sino también para poder ser capaces de construir matrices de conocimiento. Es decir, cómo es la técnica a la que nos referimos y qué alcances tiene en relación a los tiempos que corren.

Si la metodología son los procedimientos y la teoría es el reflexionar, la técnica es el cómo se desarrollan estas dos dimensiones. Cómo y con qué herramientas intelectuales podemos accionar los procedimientos configuradores de la arquitectura, son las preguntas que hacen al saber de la técnica.

Los textos teóricos que conforman este capítulo buscan construir ideas sobre dos temas fundamentales que hacen a la técnica. Por un lado, el texto "Representaciones divergentes del uso en Arquitectura"

[9] Manuel de Landa es un filósofo mexicano con fuertes raíces deleuzianas que ha reflexionado intensamente sobre la problemática de la generación de la forma en el arte y la Arquitectura.

construye una idea de cómo representamos y, lo que es más complejo, cómo se representan las actividades humanas sin que estas representaciones se vuelvan meras vidrieras estáticas de comportamientos congelados e improbables. La idea de campo desarrollada por Stan Allen es fundamental para comprender cómo los fenómenos del mundo real son siempre cambiantes y activos entre sí. Ya no es importante la representación del objeto congelado en el tiempo, con sus elementos detenidamente registrados y acotados. La difícil tarea ahora es construir modelos representacionales que puedan medir y registrar las instancias intermedias entre los objetos. Los comportamientos humanos no son objetos, son performances activas que se desenvuelven en entornos construidos más o menos estáticos. Partiendo de esta problemática la técnica representacional del límite de estas actividades se torna todo un desafío que, dado el avance técnico de la contemporaneidad disciplinar, no podemos evitar reflexionar al respecto.

El segundo texto es central en la estructura del presente libro dado que construye un protocolo de acción específico de la técnica contemporánea sobre objetos del pasado que aún, no sólo están presentes en el campo de acción disciplinar, sino que además son activos partícipes de la construcción cultural actual. "Regímenes simbióticos" se aboca a constituir herramientas técnicas de acción proyectual de características heterogéneas, complejas, topológicamente responsivas y sensibles al ambiente, las cuales actúan sobre condiciones homogéneas, simples, tipológicamente estáticas e insensibles al entorno con el fin de provocar disonancias evolutivas sobre las mismas y así constituir nuevos modelos arquitectónicos que den cuenta de la condición habitativa contemporánea.

La inquisición como conocimiento

Finalmente, las inquisiciones hablan de una actitud siempre curiosa y disconforme. La posibilidad de preguntarse y preguntar en busca del conocimiento que es siempre esquivo. El modo de ser siempre inquisitivo que POIESIS ha puesto a prueba a lo largo de los años es el de la producción, la experimentación y la formación constante. El modo de tener siempre un espíritu curioso es el de la práctica, estar siempre en movimiento. Las nuevas ideas emergen de la constante fricción con el saber constituido, se lo pone a prueba, se lo exacerba hasta que sus bordes son insuficientes, son escasos.

El último texto de *Experiencias Pedagógicas Creativas 2* pertenece a una investigación en curso, que busca poner de manifiesto una serie de problemáticas en una compleja red de interacciones a diversas escalas (desde la urbanístico regional hasta la arquitectónica específica) y niveles de aproximación a una vasta serie de problemáticas a las que la Investigación Proyectual hace frente. "Infraestructuras arquitectónicas habitativas" es el resultado de una profunda reflexión sobre la epistemología de la IP y un posterior completamiento de la matriz, respecto de sus Variables e Indicadores con un ambicioso fin interno que busca consolidar la noción de infraestructura habitable como una propuesta problemática para los entornos de alta densidad de las ciudades contemporáneas.

Combustión concatenada de ideas rizoma

Estas cuatro categorías o capítulos reúnen las condiciones estructurantes de POIESIS y son los motores que ponen en funcionamiento una maquinaria que combina a la vez Teoría, Metodología y Técnica en busca de la construcción del conocimiento. Ahora bien, así como existe una Teoría del conocimiento, es pertinente hablar de una Teoría de la Técnica o, incluso, de una Metodología de la Teoría. Esta imbricación, al parecer ineludible, es lo que mantiene esta estructura en constante fluctuación y actualización. Un flujo de dinamismo discontinuo el cual se enmarca en la epistemología de la Investigación Proyectual como estructura rizomática de Variables e Indicadores.

Este libro puede entenderse como una serie de textos sobre ideas aisladas respecto de la contemporaneidad disciplinar y, en algunos casos, cómo estas ideas descienden desde la esfera teórico-abstracta a la practicidad proyectual. Otro modo de leerlo, es a sabiendas de las implicancias epistemológicas de la Investigación Proyectual como embestidura epistémica que lo filtra y entreteje todo. Una especie de entidad omnipresente en cada uno de los artículos que vuelve esta publicación un corpus integrado bajo la lupa de una matriz compacta, a la vez que versátil, capaz de articular todas las Variables e Indicadores que hacen a la Arquitectura como disciplina del hacer.

Es así que se desdobla de este entendimiento una tercera instancia de apreciación del material aquí compaginado, como una instancia superadora de la matriz inicial, nuevas estructuras florecen de la misma. Reforzadas por una primera vuelta analítico-propositiva de aproximación a la epistemología y un contenido absolutamente nuevo que no sólo busca dar razón a la estructura en sí, sino que, además, se emancipa, constituyéndose como un corpus proto-teórico aislado, con su metodología y técnica particulares.

I.

COMPUTACIONES

PARTICIPACIÓN, UN ORIGEN

Federico Eliaschev

Apolo y Dionisos

Pensar en el origen del concepto de participación en los procesos de concretización de los hechos artísticos y de diseño en general nos obliga a remitirnos a dos características fundantes de la subjetividad humana. Por un lado, un impulso hacia lo individual, por otro una pulsión hacia la socialización. Independientemente de las causas de estos dos impulsos, creo que uno claramente puede identificarlo en gran parte de nuestras actividades humanas.

Nietzsche, encontró justamente en el nacimiento de la tragedia griega una interesante metáfora de estos dos "instintos" representados por dos divinidades, Apolo, por un lado, Dionisos por otro.

Si Apolo encarna la "bella apariencia", Dionisos encarna el sufrimiento extremo. Uno, hijo de Zeus y de Leto, dios de la ley y de las artes, el otro hijo de Zeus y de Sémel, dios del vino y de la disonancia.

"Aunque distintos, esos instintos 'marchan uno al lado del otro, casi siempre en abierta discordia entre sí y excitándose mutuamente a dar luz frutos nuevos'."[1]

[1] Nietzsche, Friedrich "El Nacimiento de la Tragedia", en Oliveras, Elena, *Estética, La cuestión del arte*, Buenos Aires: Ariel, 2006, p. 45.

▲ Imágenes de Apolo y Dionisios.

De acuerdo a la mitología Los Titanes dan muerte a Dionisos despedazándolo y esparciendo sus fragmentos por el leteo. Los seres humanos resultaríamos, entonces, ser encarnaciones de aquel ser único despedazado. Es decir, hay algo constitutivo, una fuerza, un impulso que nos es común, sólo es necesario activarlo con el vino o algún narcótico.

Según Nietzsche el artista apolíneo se concentra en las apariencias, en la belleza, en el principio de individuación, el artista dionisíaco en cambio, trasciende las máscaras, Dionisos es símbolo del fluir vital que pasa a través y más allá de todos nosotros. En la tragedia el impulso dionisíaco se manifiesta en el coro y la danza, mientras que el apolíneo se manifiesta en las formas (personajes) de la escena y en la palabra.

Es decir, Apolo es la máscara, Dionisos pertenece a la esfera de lo subterráneo del espíritu.

Para Elena Oliveras este juego "excitante" entre estos dos instintos juega o adquiere un rol fundamental en el arte a partir de los 60's:

▲ Imágenes de Apolo y Dionisios.

"El hombre re-unido, fundido en lo uno primordial, "no es ya un artista, se ha convertido en una obra de arte."[2]

Esta afirmación de Nietzsche se convertiría 200 años más tarde en un leitmotiv del hipismo.

Pero tal vez lo que más influencia tiene no solamente en el campo del Arte sino también en la Arquitectura es el concepto de indiscernibilidad entre Obra y Espectador.

Pensar la obra y el Espectador como una unidad indiscernible es darle al mismo unos derechos que antes se le habían escatimado.

Los happenings, las instalaciones, y lo que actualmente se conoce como arte relacional es un claro ejemplo de esto. Podríamos decir, de "Arte Dionisíaco."

[2] Ibídem.

Ingarden, Iser, Jauss

Promediando el siglo XX el concepto de indiscernibilidad en este caso de la Obra literaria de arte y el lector cobra fuerza. El camino ya estaba abierto por Nietzsche.

Para todos ellos con diferentes matices no hay obra literaria de arte sin un lector. Y como paródicamente dijera Borges en su "Pierre Menard, Autor del Quijote". Hay tantos autores del Quijote como lectores del Quijote.

Para Roman Ingarden:

"Todo objeto, persona, suceso, etc., representado en la obra literaria de arte, contiene gran número de lugares de indeterminación."[3]

El lector, de manera involuntaria y yendo más allá del texto, rellena muchos lugares de indeterminación. A estas determinaciones complementarias Ingarden las llama "concreciones" de los objetos representados. En la obra literaria están presentes ciertos esquemas que permanecen como estructuras constantes que impiden la arbitrariedad. Esto último es bastante interesante puesto que plantea cuales son los márgenes de libertad que se le dan al lector para que la obra siga conservando su carácter.

Para Iser:

La obra literaria tiene dos aspectos: el artístico y el estético. El primero se refiere al texto creado por el autor, el segundo a la concretización llevada a cabo por el lector.

Un texto es potencialmente susceptible de admitir diferentes realizaciones, y ninguna lectura puede agotar todo su potencial ya que cada lector concreto llenará los huecos a su modo.

"Son los huecos del texto los que permiten a lector usar su imaginación."[4]

Según Hans Robert Jauss:

"Tanto la estética burguesa como la ortodoxamente marxista han estado ancladas en la primacía de la obra sobre el lector. Debe darse el paso del

---

[3] Ingarden, Roman, "Concreción y reconstrucción", en Gutiérrez, Edgardo, *Indagaciones estéticas*. Buenos Aires: Altamira, 2004, p. 9.

[4] Iser, Wolfgang, *El proceso de lectura: proceso fenomenológico*, en ibídem, p. 11.

ideal sustancialista de la obra a la determinación de lo artístico a partir de su experiencia social.

Esto es, "la concesión al receptor de unos derechos que durante mucho tiempo se le había escatimado."[5]

Esta última sin duda, con un tinte más bien político va a ser uno de los tantos emergentes intelectuales de una década caracterizada por reclamos sociales de toda índole y experiencias sociales inéditas como fue la unión entre diferentes sindicatos y la población estudiantil en Francia que reaccionaron contra la opresión del Gobierno de De Gaulle y contaron luego con el apoyo de gran parte de la población. Es decir, más que nunca el concepto de fuerza social comenzó a tener significado y reclamar sus derechos.

Del CIAM IV al CIAM IX y X

En Arquitectura vemos claro el pasaje del instinto Apolíneo al Dionisiaco entre las diferencias conceptuales que se manifiestan desde la Carta de Atenas con una clara prescripción hacia la zonificación de funciones, y la grilla de re identificación que imaginan Allison y Peter Smithson.

En la primera: Habitar, Circular, trabajar, recrear como funciones disociadas y aisladas. En la segunda:

La casa y la calle como partes constitutivas de una nueva relación donde se realizan las actividades de los hombres, luego, la casa, la calle y el distrito pensado como una unidad integrada, que se plasmará luego en diferentes planes urbanísticos inspirados en la teoría general de sistemas.

Básicamente este pasaje de la Zonificación a la Integración tendrá algunas consecuencias físicas, edilicias bastante concretas. El edificio laminar exento del primer modernismo abrirá paso a diferentes tipos de edificio de tipo Casbah, Mattbuilding, edificios extendidos sobre el territorio que perseguirán en general integrar diferentes funciones urbanas en su interior.

La forma de entender este cambio de paradigma puede verse también como producto del pasaje de una visión del mundo de tipo maquinista,

---

[5] Jauss, Hans Robert, "El lector como instancia de una nueva historia de la literatura", en ibídem, p. 19.

HOUSE	STREET	RELATIONSHIP	CIAM 9	HOUSE	STREET	DISTRICT

▲ Grilla de Reidentificacion Alison y Peter Smithson.

"la máquina de habitar" de Le Corbusier, por ejemplo, a una visión del mundo de tipo sistémico.

"El mundo no puede ya percibirse como una máquina formada por una gran cantidad de objetos, sino que ha de concebirse como una unidad indivisible y dinámica cuyos elementos están estrechamente vinculados y pueden comprenderse sólo como modelos de un proceso cósmico."[6]

Esta diferenciación será también notable en las investigaciones sobre las subunidades del habitar de los primeros modernos como los manuales de Diatovelli y Marescotti, donde se estudian aisladamente las condiciones dimensionales y ergonómicas de dichas subunidades frente a diferentes Estudios como los de Ettore Sottsass, Joe Colombo, o los Smithsons donde no existe una determinación tan fuerte de la edilicia sobre la actividad y el enfoque esta puesto más bien en la integración de las diferentes subunidades.

Marina Waisman retrata de este modo el pasaje de un paradigma al otro.

"El predominio de un enfoque globalizante frente a posiciones analíticas; el respeto por el equilibrio ecológico; el rechazo de la uniformidad y la

---

[6] Capra, Fritjof, *El punto crucial, Ciencia, sociedad y cultura naciente.* Buenos Aires: Ed. Estaciones 1992.

monotonía; la recuperación de la historia; el recusar el concepto de edificio como objeto aislado o como objeto estético

(...) el respeto por el usuario y consiguientemente la propuesta de su participación en los procesos de producción y diseño, y fundamentalmente, la conciencia del compromiso político implícita en la obra."[7]

Modelos Participativos en Arquitectura

Dentro de las críticas que el primer modernismo recibe, la producida por John N. Habraken resulta ser de particular interés por el hecho de no manifestarse solamente a través del texto crítico, el proyecto u obra concreta, sino a través de la producción de una metodología para producir vivienda social masiva, que pudiese ser utilizada por otros arquitectos.

"Dice C. Levi Strauss que en la sociedad humana existen dos grandes tipos de estructuras: a) Las estructuras de 'comunicación' que son biunívocas y b) Las estructuras de 'Subordinación' que son unívocas y no reversibles."[8]

En este sentido, una de las más contundentes críticas de la metodología de Habraken al Movimiento Moderno, es la necesidad de una estructuración de "comunicación bi-unívoca" con el usuario de la ar-quitectura, llamado por él *system of Agreements* o "sistema de acuerdos", frente a un sistema rígido de subordinación que fue en general el planteo de los proyectos del movimiento moderno.

Las ideas generales de la metodología SAR pueden sintetizarse de este modo:

"• La idea de distintos niveles de intervención en el entorno construido, como aquellos representados por 'Soporte' y 'Contenido', o por diseño urbano y arquitectura.

• La idea de que los usuarios-habitantes pueden tomar también decisiones de diseño.

---

[7] "Ralph Erskine. Un nuevo Humanismo", Revista *Summarios* N° 121, Buenos Aires: Ed. Summa, 1988.

[8] En Habraken, John, *El diseño de Soportes*, Barcelona: Ed. Gustavo Gili, 2000.

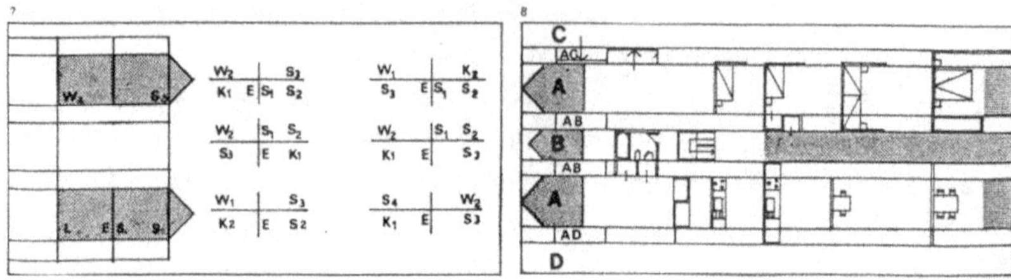

▲ Modelo participativo de John N. Habraken y el SAR (Stichting Architecten Research).

• La idea de que el diseño es un proceso que compromete a muchos participantes y sobre todo distintos tipos de profesionales.

• La idea de que la interfaz entre los sistemas técnicos permite el reemplazo de un sistema por otro, realizando la misma función

• La idea de que el entorno construido está en constante transformación y cambio debe ser reconocido y comprendido.

• La idea de que el entorno construido es el producto de un continuo e interminable proceso de diseño en el cual el entorno se transforma parte por parte."

La metodología SAR se apoya fundamentalmente en un sistema diferenciado por "Soporte" o *Base Building* y "Unidad separable" o *Fit-Out*, esta distinción lejos de ser meramente técnica "señala una diferencia de control, de poder de decisión"

"Un soporte implica aquellas decisiones sobre las que la comunidad tiene el control.
Una unidad separable es aquella área sobre la que el individuo decide."[9]

El soporte es una estructura que es diseñada y construida en un lugar específico, mediante construcción tradicional o industrializada. La unidad separable no necesariamente se construye en el lugar del emplazamiento del soporte y debe ser adaptable y capaz de ser usada en

[9] Ibídem.

Lucien Kroll, Casa Woluwe ▸

Robert Venturi, Casa Vanna ▸

Ralph Erskine, Bykers Wall ▸

muchas combinaciones diferentes y en diferentes soportes. Los soportes se dividen en Zonas y Márgenes estableciendo un criterio de agregación de las diferentes unidades separables.

Venturi acepta el gusto del usuario con una crítica que se expresa mediante el uso de una ironía com-prensible sólo para los entendidos.

Las propuestas de la sociedad de consumo, los productos del diseño comercial son aceptados y estetizados siempre dentro de la tradición disciplinar y el saber arquitectónico. No construye un modelo y esto puede verse claramente en las aberraciones arquitectónicas llevadas a cabo por una gran cantidad de seguidores carentes del oficio y la maestría de Venturi. Venturi lucha contra el paternalismo del arquitecto y trata de respetar las necesidades culturales del usuario.

"La alta cultura y sus cultistas (variedad de los últimos años) tiene mucho poder en la renovación urbana y en otros círculos del stablishment, y por eso estamos convencidos de que la arquitectura del pueblo como el pueblo la quiere (y no como algún arquitecto decida que la necesita el hombre) no tiene grandes posibilidades contra esa renovación urbana hasta que no penetre en las academias y sea aceptable para los que toman decisiones."

"La ironía puede ser el instrumento con el que abordar y combinar valores divergentes para una sociedad pluralista y con la que ajustar las diferencias de valores que surgen entre arquitectos y clientes."[10]

El caso de Lucien Kroll es bien interesante porque el respeto por el usuario se da a un nivel menos obvio. Las imágenes que éste se forma de sus necesidades están dirigidas por fuerzas que le son ajenas y por lo tanto es preciso dejar libre la expresión de las ideas en lo referente a los requerimientos básicos, y de dirigirlas de modo de evitar que las imágenes convencionales se apoderen de ellas para encerrarlas nuevamente en las restricciones que la sociedad impone a los modos de vida.

Lo paradójico sea tal vez que para que el proceso de concreción del entorno llegue a resultados "liberados" el proceso mismo no puede ser libre: el arquitecto se ve compulsado a intervenir para impedir que librados a sus propias fuerzas, los grupos de usuarios intervinientes retomen las huellas trazadas ya por el *stablishment*".

[10] Venturi, Robert; Izensour, Steven; Scott Brown, Denisse. *Aprendiendo de Las Vegas.* Barcelona: Ed. Gustavo Gili, 1998.

Esto explica seguramente el interés de Kroll por el sistema SAR, de Habraken.

El proceso constructivo no puede resultar "natural" o "espontáneo" sino que requiere toda una labor previa de desprendimiento de los métodos corrientes, que permita interpretar libremente las fuerzas y los materiales en acción sin ceñirse a las tipologías conocidas.

La experiencia concreta para señalar es el encargo por parte de la Universidad de Lovaina para Woluwé-Saint-Lambert en 1968, especialmente el edificio de la "Méme" (Fig.13, 14). Si bien se trataba de un grupo muy homogéneo y por lo tanto una experiencia de difícil generalización, la potencialidad del proceso estaba a la vista.

"Es irracional imponer elementos idénticos a habitantes diversos: esto los hace idénticos amorfos o rebeldes (...) las habitaciones son todas distintas: no es posible hacerlas idénticas. Los tabiques se colocan en un perímetro muy irregular, entre el 'paseo de columnas' no alineadas. Son móviles y permiten a los habitantes desmontarlos por sí mismos y rehacer en grupo el plano de su piso, es decir poder adoptar una actitud natural y creativa en sus relaciones con la institución y eliminar los determinismos de locatarios-propietarios que las caracterizan habitualmente."[11]

Así como un arquitecto al proyectar una vivienda unifamiliar quiere saber perfectamente los gustos y necesidades de su "cliente", incluyendo mujer, hijos, y a veces parientes, Ralph Erskine se ha destacado por intentar aplicar métodos semejantes en barrios enteros, el más conocido es el caso del complejo Byker (Fig. 15, 16). Sin una mediación sistémica como en el caso Kroll o el sistema de Habraken, el equipo de Erskine abrió en el caso Byker una oficina de proyecto en la zona a demoler. La idea era aplicar un criterio de "demolición rodante" que permitiera quedarse a los habitantes originales y a medida que el proyecto avanzará ir modificándolo y adecuándolo a las necesidades y requerimientos concretos de los usuarios.

La experiencia, a pesar del mito, fue según la crítica de Peter Malpass un verdadero fracaso, pues el 50% de la población se mudó a otras zonas.

Independientemente de la pertinencia de la crítica de Malpass, la validez de la preocupación de Erskine es indiscutible en tanto complejiza

---

[11] "La Anarquitectura de Lucien Kroll", Revista *Summarios* N° 33. Buenos Aires: Ed. Summa 1979.

la relación del arquitecto con el grupo de posibles habitantes de una vivienda colectiva, lo que no necesariamente implica que el arquitecto y el cliente se sienten juntos en la mesa frente al papel en blanco.

Seguramente, imbuido del afán posmoderno por la inclusión, Malpass no entendió que incluir al usuario en un proceso de participación no implicaba entregar la arquitectura o el estilo, es decir que las viviendas fueran proyectadas en el estilo Erskine de ningún modo iba en contra de las posibilidades de inclusión que planteaba Erskine en Byker.

Erskine, por otro lado, hace hincapié en el trabajo sobre los llamados "grupos de referencia", elegidos por encuestas sociológicas, en los casos donde se desconoce a los futuros habitantes del edificio. Estos grupos serían representativos de los futuros usuarios, reflejando las necesidades y actitudes de los mismos.

Erskine suele insistir en el hecho de que el arquitecto muestre varias alternativas posibles para que estos grupos puedan luego discutir y mostrar opiniones. La decisión definitiva, indica, quedará en manos del arquitecto, pero, en el mejor de los casos, influido por las prioridades que expresa el público.

El caso de Christopher Alexander entra dentro del grupo de metodologías de dificilísima aplicación práctica. La matematización excesiva del programa sobre todo en su libro *Ensayo sobre la síntesis de la Forma* hacía prácticamente imposible que el arquitecto no matemático entrase en la lógica de su método. Por otro lado, la excesiva racionalidad obturaba cualquier proceso no consciente por el diseñador conspirando contra la creatividad. El usuario objetivado entraba en el proceso de diseño atomizándose en infinidad de micro-requerimientos a los que la arquitectura debía dar respuesta para lograr un diseño "Ajustado".

Estas teorías evolucionaron luego a la teoría del lenguaje de patrones en su libro *A Pattern Language: Towns, Buildings, Construction*.

Decía Alexander:

"Cada patrón describe un problema que ocurre una y otra vez en nuestro entorno, para describir después el núcleo de la solución a ese problema, de tal manera que esa solución pueda ser usada más de un millón de veces sin hacerlo ni siquiera dos veces de la misma forma."[12]

---

[12] Alexander, Christopher, *Un lenguaje de patrones*, Barcelona: Ed. Gustavo Gili, 1980.

A pesar del hermetismo y la dificultad de aplicación por parte de otros Arquitectos, Alexander produce algunas soluciones arquitectónicas muy interesantes que plantean una ruptura clara con el habitar convencional y que vale la pena destacar como el proyecto para Lima (concurso Previ) en 1969, o los estudios del libro *Comunidad y Privacidad*.

Megaestructuras. ¿"dispositivo" o libertad?

Si apelamos a la Noción de "Dispositivo" de Foucault, sobran pruebas de que el "Proyecto" en tanto plantea una "Estrategia" de cómo debe ser apropiado y delimitado el mundo, infundiendo una serie de "acciones", induciendo determinadas "conductas" en los habitantes plantea una relación de poder con el usuario que bien nos permite hablar de "Dispositivo Proyectual", Estos serán más o menos coercitivos pero siempre producirán la "resistencia" y con esto la constitución de una relación de Poder . Como bien describe Foucault en su libro *Vigilar y Castigar* en relación al panoptismo de determinadas instalaciones Arquitectónicas como los presidios donde el carácter represivo será claro, existirán también otras situaciones más sutiles donde la identificación será tal vez más esquiva.

Si pensamos la noción de Megaestructura tal como la plantea Wilcoxxon:

"… no sólo una estructura de gran tamaño, sino también una estructura que frecuentemente está:

1. Construída por unidades modulares;

2. Capaz de una gran extensión o incluso una extensión indefinida.

3. Un soporte estructural dentro del cual pequeñas unidades estructurales (dormitorios, casas o pequeños edificios de otro tipo) pueden ser construidas o incluso "enchufadas" luego de haber sido prefabricadas en otro lugar;

---

[13] Esta cuestión que ha sido planteada desde la presentación al doctorado ha sido en estos últimos años trabajado exhaustivamente en el seno del Centro POIESIS que dirige el Dr. Arq. Jorge A. Sarquis, por él mismo director del centro y docentes, adjuntos, y ayudantes en los diferentes grupos en la materia de grado y en el Máster, con interesantes producciones.

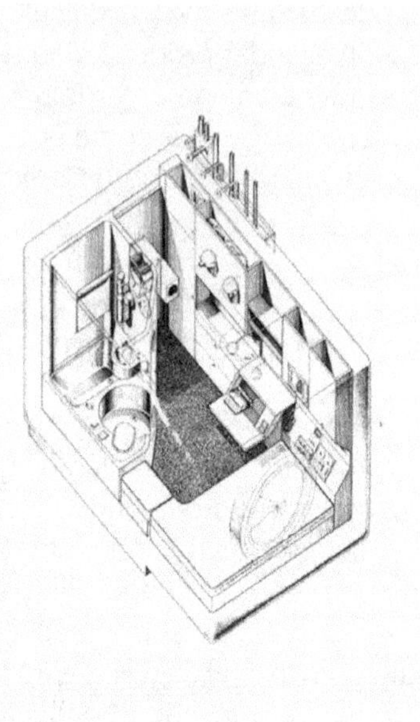

▲ Kurokawa, Torre Nagakin.

4. Un soporte estructural que se espera pueda durar mucha más tiempo que las pequeñas unidades que soporta."[14]

Es claro el establecimiento de una relación de poder dentro del mismo edificio. Es decir, una estructura que subordina a otra. Una estructura, "la mega estructura", el "soporte" en el modelo de Habraken, para garantizar la liberación del *"infill"*, el contenido. Es decir, para que exista liberación tiene que haber control.

"Pese a su aparente neutralidad, supone un programa intelectual para la isla: con su indiferencia respecto a lo que existe, reivindica la construcción mental sobre la realidad. 'La disciplina bidimensional de la retícula

[14] Wilcoxxon en Banham, Reyner, *Mega estructuras: futuro urbano del pasado reciente*. Barcelona: Ed. Gustavo Gili, 2001.

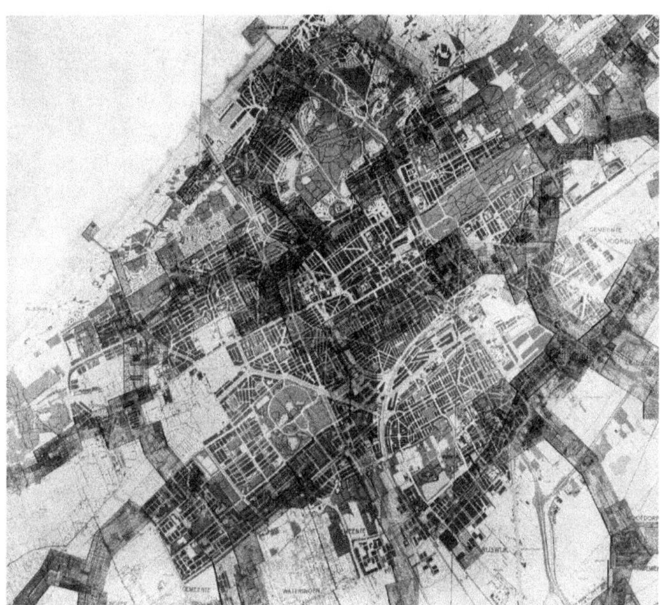

▲ Constant, New Babylon.

crea también una libertad inesperada para la anarquía tridimensional. La retícula define un nuevo equilibrio entre el control y el descontrol, según la cual la ciudad puede ser al mismo tiempo ordenada y fluida, es decir, una metrópolis del caos estricto'." (KOOLHAAS)

Para Koolhaas es claro que lo que garantiza el "caos estricto" de Manhattan es precisamente una regularidad obsesiva en la trama.

La pregunta es sobre la necesidad de estas estructuras para posibilitar una participación clara y fructífera en el proceso de diseño.

Michel de Certeau plantea su visión del "dispositivo" foucaultiano, pero poniéndolo en el campo de la relación entre Estrategia y Táctica.

Estratégicas serían entonces todas las acciones tendientes a construir una relación de poder mientras que tácticas aquellas que se producen como efectos colaterales liberadores producto de las contradicciones que en muchas ocasiones encierran los procesos estratégicos.

"Llamo estrategia. Al cálculo (o a la manipulación) de las relaciones de fuerzas que se hace posible desde que un sujeto de voluntad y de poder (una empresa, un ejército, una ciudad, una institución científica) resulta aislable. La estrategia postula un lugar susceptible de ser circunscrito como algo propio y de ser la base donde administrar las relaciones con una exterioridad de metas o de amenazas."[15]

"Las estrategias son pues acciones que, gracias al principio de un lugar de poder (la propiedad de un lugar propio), elaboran lugares teóricos (sistemas y discursos totalizadores) capaces de articular un conjunto de lugares físicos donde se reparten las fuerzas."

"… llamo 'táctica' a un cálculo que no puede contar con un lugar propio, ni por tanto con una frontera que distinga al otro como una totalidad visible. La táctica no tiene más lugar que el del otro. Se insinúa, fragmentariamente, sin tomarlo en su totalidad, sin poder mantenerlo a distancia. No dispone de una base donde capitalizar sus ventajas, preparar sus expansiones y asegurar una independencia en relación con las circunstancias. Lo 'propio' es una victoria del lugar sobre el tiempo. Al contrario, debido a su no lugar, la táctica depende del tiempo, atenta a 'coger al vuelo' las posibilidades de provecho. Lo que gana no lo conserva. Necesita constantemente jugar con los acontecimientos para hacer de ellos 'ocasiones'. Sin cesar, el débil debe sacar provecho de fuerzas que le resultan ajenas."[16]

Los dispositivos dejan siempre fisuras, allí por esas fisuras es donde la táctica se despliega.

La táctica es acontecimiento. Si lo llevamos al terreno del habitar, la planta de una vivienda que le proponemos a un usuario por más alejada que este de los "dispositivos" instalados del habitar, siempre es "estrategia", en términos de de Michel De Certeau. El modo en que utilizamos esa vivienda es siempre más o menos táctico. Incluso, hipotetizo una interdependencia entre ambas.

En términos nietzscheanos volvemos al inicio del artículo, lo "apolíneo", "estructural", "estratégico", es mutuamente dependiente de lo "dionisíaco", "acontecimiento", "táctico".

---

[15] De Certeau, Michel, *La invención de lo cotidiano*, México D.F: Universidad Iberoamericana, 1980.

[16] Ibídem.

Megaestructuras virtuales
La participación del ambiente

El auge de la participación del usuario en los procesos de diseño coincide también con el interés de muchos investigadores por dar cabida dentro de la disciplina a la teoría cibernética, la teoría general de sistemas, la teoría de la información, etc.

De ese modo Investigadores como Nicholas Negroponte, Nigel Cross, Yona Friedman entre otros comienzan a experimentar con diferentes modelos computacionales que permitiesen la participación de los Usuarios en el proceso de Diseño de sus propias viviendas.

La Megaestructura Física, Tectónica, abre paso ahora a la Megaestructura Virtual, Algorítmica.

De este modo en su libro *Soft-Achitecture-Machines*, Negroponte plantea 3 modelos de participación posibles:

"La primera es la caracterizada por una máquina que censa a los usuarios para obtener información completa sobre los que estos van a querer o necesitar en relación a su entorno residencial. Las conclusiones se evalúan en términos de posibilidad de éxito y se ejercita con simulaciones en computadora. El arquitecto es todavía el juez final de las alternativas de diseño.

La segunda es la enfocada hacia la intervención política de un estado donde este planifica, promueve y da una participación tangencial al usuario, que la mayoría de las veces es convencida por el gobierno de cuáles son sus verdaderas necesidades. Esta actitud paternalista conspira contra la participación plena y genuina que queda relegada con suerte al mero diseño de un patio de juegos.

La tercera aproximación, el paradigma de Yona Fridman, es la de devolverle al usuario el control sacando al arquitecto del rol de traductor."[17]

En definitiva, lo que estaba pensando Negroponte era que el arquitecto tal como se conocía hasta ese entonces venia equipado con una serie de respuestas disciplinares de cómo "debía" ser el hábitat para el hombre contemporáneo, que lejos de adecuarlo a las necesidades y deseos del futuro habitante, adquieren un carácter represivo antes

---

[17] Negroponte, Nicholas, *Soft Architecture Machines*, Cambridge: MIT Press, 1975.

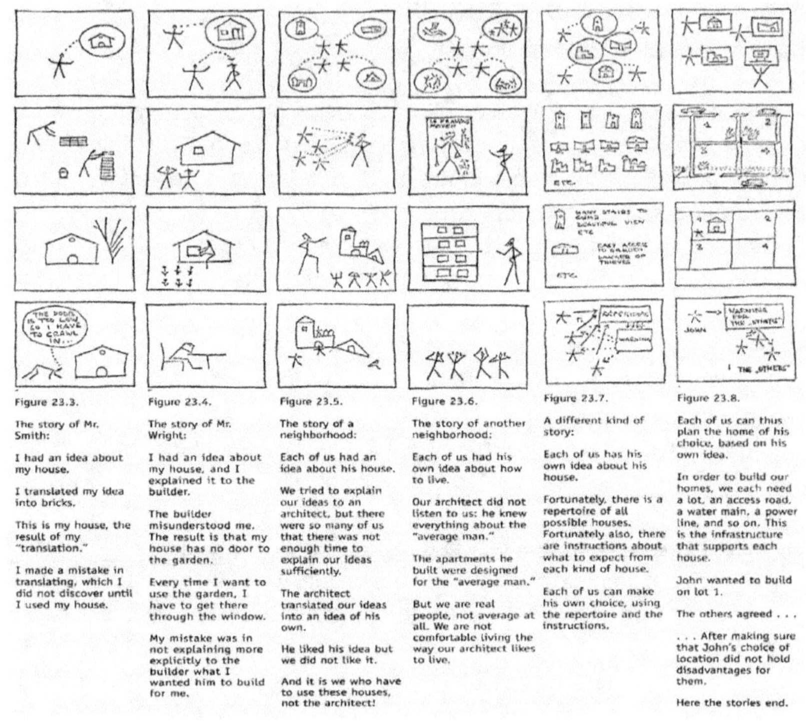

▲ Nicholas Negroponte. Soft Architecture Machines.

que liberador. Pecando en algún punto de una simpleza casi angelical, Negroponte pensaba que eran los usuarios quien mejor conocía sus problemas y necesidades. Inspirado, seguramente en un Joven e inocente Nigel Cross que veía en las sociedades primitivas un modelo a seguir puesto que la función de resolución del propio hábitat era una más de las capacidades que debía tener el hombre, así como la habilidad para cazar y proveerse su alimento, o la actividad agraria. Esta falsa idea de participación que en general era el factor común en todas las arquitecturas de los 60's, sobre todo por ejemplo en Habraken y su teoría del *Open Building*" es posteriormente complejizada como vimos anteriormente por arquitectos como Lucien Kroll, que reelabora críticamente el concepto

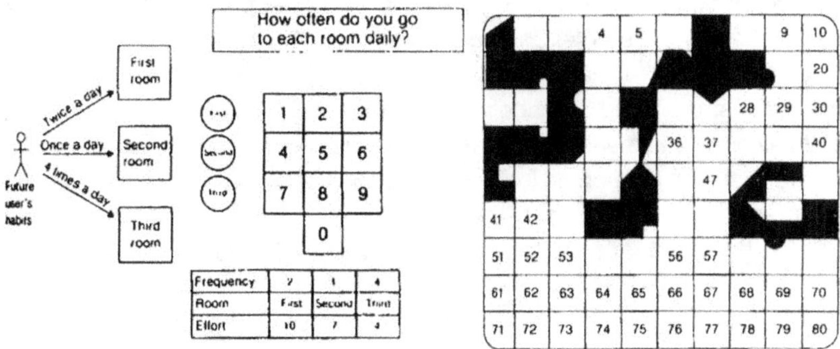

Frequency	2	1	4
Room	First	Second	Third
Effort	10	7	4

▲ Iona Friedman, The flat writer.

advirtiendo que abandonar a los usuarios en la decisión de su propio hábitat, es abandonarlo a las propias trazas del stablishment. Es decir, no es posible dejar en libertad a un usuario que aún no es libre y su subjetividad se encuentra presa de la sociedad de consumo.

Yona Friedman indicaba:

"Consideren una sociedad iletrada que sólo tiene algunos escritores públicos a quienes se les pide que empleen ciertos standards tipográficos cuando escriben cartas personales para todos sus clientes individuales. El escritor público puede ser eliminado con la educación pública."[18]

Finalmente, quien sin abandonar el rol importante del arquitecto da el paso definitivo hacia la construcción de lo que posteriormente será agenciado por muchas de las investigaciones actuales sobre Parametricismo, Arquitectura genética entre otras tendencias, es John Frazer, y Gordon Pask, con su noción de Arquitectura evolutiva, cuyo planteo es pensar en la participación del ambiente como vector de evolución de una Arquitectura determinada.

Dice Frazer:

[18] Ibídem.

"Proponemos una metodología alternativa, en la que el modelo se adapte repetidamente en el ordenador respondiendo a la retroalimentación a partir de la evaluación."

"… nuestro modelo describe procesos más que formas. Este procedimiento es ambientalmente sensible. Las normas son constantes, pero el resultado varía en función de los materiales o las condiciones ambientales."[19]

El soporte virtual en este caso es el *script*, o libreto.

"Para conseguir el modelo evolutivo es necesario definir lo siguiente: un *script* (Guión) del código genético, normas para el desarrollo del código, traducción del código a un modelo virtual, la naturaleza del entorno para el desarrollo del modelo, y sobre todo los criterios de selección."[20]

La idea de *script*, veremos es común a muchas de las experiencias digitales actuales. Implica el ingreso de instrucciones de dibujo precisas detalladas y secuenciales a la computadora, diferenciándose del uso corriente de los sistemas CAD que opera en general con el stock de formas disponibles en el programa. Construir el proyecto como un *script* posibilita el control local de la forma arquitectónica y facilita la vinculación entre parámetros internos, ambientales con las instrucciones generativas.

[19] Frazer, John, "An evolutionary Architecture", Londres: Architectural Association 1995
[20] Ibídem.

MAQUINACIONES

La maquinación proyectual como liberación del proyecto de vivienda colectiva

Santiago Héctor Raúl Miret

> "A partir de entonces, no tendríamos una sola mente y
> un sólo cuerpo, sino muchas mentes –conscientes
> e inconscientes– y muchos cuerpos, todos ellos
> incoherentes, todos ellos inconmensurables, pero de
> alguna manera convergentes en un múltiple singular."
>
> JEFFREY KIPNIS, *A question of qualities.*

Introducción

El autor ha sido de gran importancia en los años que siguieron a los albores del humanismo hacia 1450 hasta nuestros días. Desde el nacimiento de la idea de Autor con Filippo Brunelleschi (1377-1446) y su duomo de Florencia, pasando por las problemáticas representacionales planteadas por León Battista Alberti (1404-1472), las construcciones diagramáticas (¿inconscientes?) de Andrea Palladio (1508-1580),[1] el revisionismo histórico y su postura para con el Gótico, el advenimiento de la modernidad y el estallido del concepto de "tratado", el problema de la autonomía surgido en los 60's y vigente al día de hoy de la mano de autores como Aldo Rossi, Colin Rowe o Peter Eisenman, hasta llegar a principios de la década del 90, donde el problema del autor dejó de ser una construcción teórica para pasar a ser además un problema real en el acontecer técnico disciplinar.

[1] En referencia a las lecturas de Rudolf Wittkower sobre las variaciones de las Villas Palladianas ver Wittkower, Rudolf. *Architectural Principles in the Age of Humanism*. The Warburg Institute, 1949.

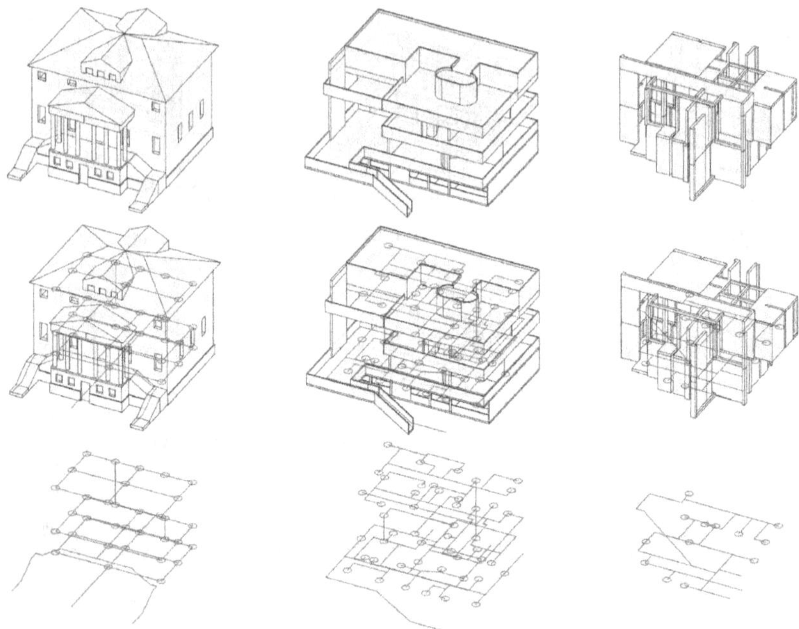

▲ Diagramas de estudio de relación de actividades en casas famosas. Villa Foscari "La Malcontenta" de Andrea Palladio (1550), Villa Stein "Garches" de Le Corbusier (1927) y House VI de Peter Eisenman (1975).

De las muchas formas que encarna hoy en día el autor, el acontecer técnico de la digitalidad es, sin dudas, el foco de la cuestión. La "libertad" que otorga el conocimiento técnico y la posibilidad de construir metodologías alternativas se ha vuelto no sólo un tema de discusión sino también un problema. La independencia histórica del autor y las contradicciones a la hora de interpretar un siempre cambiante e ilusorio *zeitgeist* podría leerse como una revitalización de la disciplina, como un nuevo comienzo. Sin embargo, la potencia técnica prevalece sobre la construcción teórica, volviendo esta oportunidad de innovación en un peligroso devenir de repetición, copia y homogeneidad.

A diferencia de otros tiempos; la actualidad no sólo disciplinar, sino cultural en general; se presenta híper-conectada, súper-informada. Esto, sin embargo, no se refleja en una mayor autonomía, por el contrario, las corrientes, estilos y pensamientos se vuelven efímeros y pasajeros, debido a la necesidad de renovación informacional. Y lo que se presenta como nuevo, único y cambiante, resulta ser la misma sociedad sin un trasfondo conceptual. En este sentido, el autor cae presa de estos fugaces cambios y repentinas modas sin dar cuenta de que la sociedad es el mismo.

Es así que, este ensayo, se propone plantear las bases de un sujeto que se encuentra sujetado a ciertas condiciones informacionales estancas, repetitivas e invariantes que se han congelado en la historia disciplinar como cánones inamovibles siendo, en verdad, meras construcciones ficticias de carácter potencialmente temporal. En función de esto el escrito se propone generar alternativas a la alienación del individuo proyectista, ya no como un intento de potenciar sus habilidades autorales, sino con la intensión de liberar al proyecto de arquitectura[2] de las configuraciones históricamente instaladas denominadas dispositivos.

Dispositivos

Para continuar me veo en la necesidad de explicitar a qué me refiero con el término "dispositivo" y antes de explicitar mi postura en relación a lo que es un dispositivo en el campo de la disciplina arquitectónica, considero importante repasar algunas definiciones de filósofos consagrados en función de operar sobre terreno firme en materia conceptual. El primero en definir el término fue Michel Foucault. Si bien no hace referencia a la expresión específicamente en sus escritos dando definiciones completas del término, se puede reconstruir un constructo conceptual en función de algunas entrevistas y relaciones entre ideas publicadas. Foucault relaciona la idea de dispositivo directamente con juegos de poder:

"He dicho que el dispositivo era de naturaleza esencialmente estratégica, lo que supone que se trata de cierta manipulación de relaciones de fuerza, bien para desarrollarlas en una dirección concreta, bien para bloquearlas, o para estabilizarlas, utilizarlas, etc. (...) El dispositivo se halla pues siem-

---

[2]   En el caso de este escrito se enfocará en el proyecto de vivienda colectiva específicamente.

▲ Trabajo de experimentación en la disolución de dispositivos del hábitat. Mercedes Dequelli, Curso de Posgrado UAP. 2014

pre inscrito en un juego de poder, pero también siempre ligado a uno de los bornes del saber, que nacen de él, pero, asimismo lo condicionan."

Michel Foucault

Foucault se refiere al dispositivo, como manipulaciones de fuerza, inscrito en un juego de poder. Es decir, el dispositivo es una entidad capaz de manipular fuerzas y, al estar inmerso en relaciones de poder (o, también, surgir de ellas), resulta un arma poderosa ya sea para dirigir fuerzas en una dirección concreta, bloquearlas, estabilizarlas o utilizarlas con fines indeterminados. Por lo pronto, entonces, los dispositivos operan dentro de campos de fuerzas y relaciones y tienen el poder de alterarlos. El hecho de que los dispositivos emerjan de una condición de poder, conecta a los mismos con su genealogía de forma directa. Los dispositivos son producto de un acontecimiento cultural al cual están atados, implicando una inseparabilidad del dispositivo para con su tiempo e incluso el espíritu de su tiempo en el cual el mismo se conformó o cristalizó como tal. Si bien los dispositivos pueden variar y adaptarse en el tiempo, su condición histórica está siempre presente volviéndose ésta una condición de sujeción a tiempos pasados, pero también una clave de acción a la hora de combatirlos.

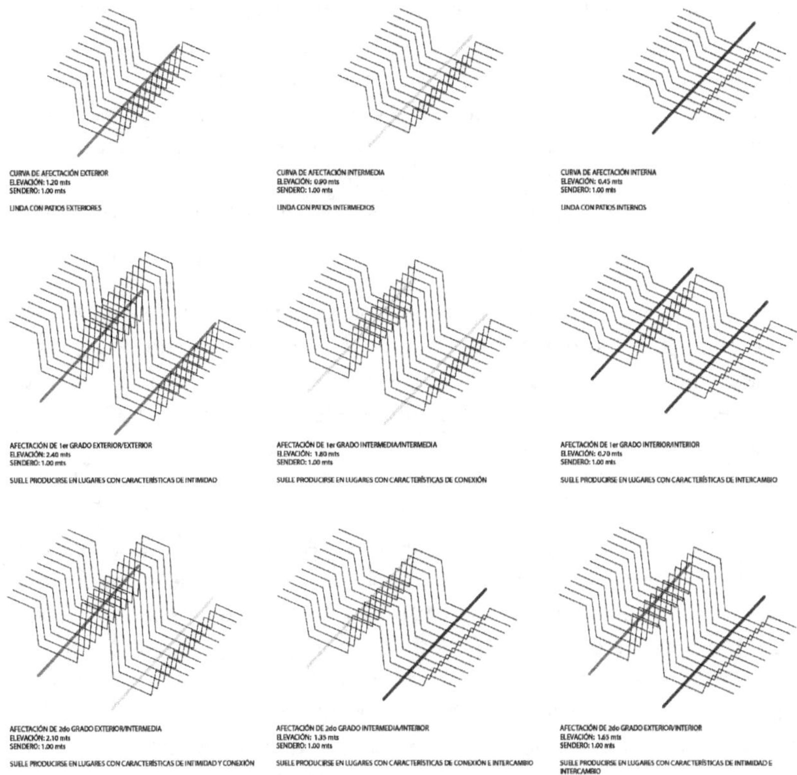

▲ Tácticas de deformación de un plano superficial en función de consolidar anti-dispositivos domésticos. Tesis de maestría en curso del autor.

"En todo dispositivo debemos desenmarañar y distinguir las líneas del pasado reciente y la parte de lo actual, la parte de la historia y la parte del acontecer, la parte de la analítica y la parte del diagnóstico".

Gilles Deleuze

El emplazamiento cronológico de Deleuze en relación al dispositivo, nos ayuda a entender al mismo, como una entidad anclada a la historia.

Desenmarañar las líneas del pasado y lo actual es imprescindible para comprender al dispositivo, ya que todo dispositivo tiene una 'carga' energética que hace referencia al pasado, al presente e, incluso algunas veces, busca referencias de ficciones o deseos hacia el futuro. Esto nos remite a comprender al dispositivo como una entidad compleja digna de ser analizada y ejercer diagnósticos de lo que consideramos nos aporta, en nuestro caso, en materia de habitabilidad, tectónica o imagen.

"… por dispositivo, entiendo una especie –digamos– de formación que tuvo por función mayor responder a una emergencia en un determinado momento. El dispositivo tiene pues una función estratégica dominante… El dispositivo está siempre inscripto en un juego de poder".

Giorgio Agamben

La definición de Agamben termina de cerrar las concepciones que Foucault y Deleuze insinuaron, lo que nos lleva a poder definir al dispositivo con mayor especificidad. Un dispositivo, entonces, es una formación estratégica que responde a un juego de poder, inscripto en un campo de fuerzas las cuales, en principio, identifica (también puede eventualmente modificarlas o, incluso, inducirlas), cuya información histórica lo define como tal en sus funciones y acciona para con los individuos.

Los dispositivos están presentes en nuestra vida cotidiana constantemente. Instalados en nuestro imaginario de tal manera que no nos es sencillo identificarlos. Somos sujetados por ellos. Se han ido depositando en la cultura lentamente, sumiendo al imaginario colectivo en un pantano de ocultamiento. El dispositivo hace la vida de las personas más sencilla. Quita de en medio los cuestionamientos y nos ofrece respuestas inmediatas a nuestras 'necesidades'. Sin embargo, nos vuelve ciegos en lo que refiere a lo que en verdad necesitamos, nos sujetan, ya que responden a un catálogo de historicismos preestablecidos y muy accesibles.

Llevado a la disciplina específicamente arquitectónica, los dispositivos, son aquellos lugares del habitar que nos vienen dados. Esas configuraciones de catálogo que no hacen más que repetir composiciones que responden a otros tiempos y otras necesidades. Los dispositivos del habitar están instalados, no sólo en los profesionales de la disciplina, sino también, y más importante, en el imaginario popular.

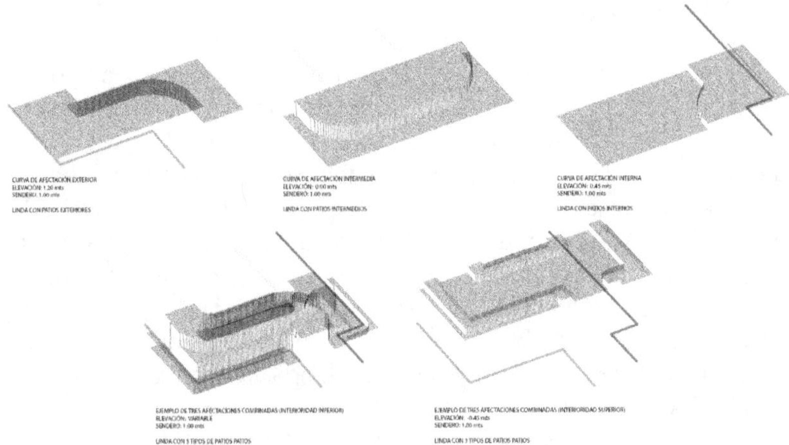

▲ Puesta a prueba de las tácticas de deformación de un plano superficial en una unidad habitativa. Tesis de maestría en curso del autor.

▼ Puesta a prueba de las tácticas de deformación de un plano superficial en una unidad habitativa. Tesis de maestría en curso del autor.

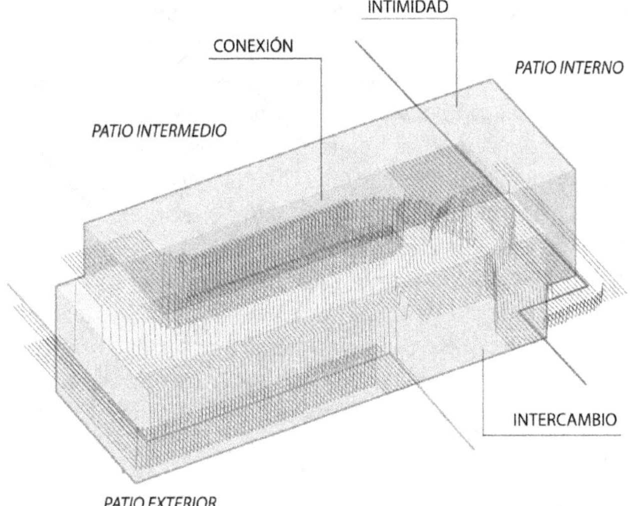

Sujeto sujetado

El individuo proyectista contemporáneo, a diferencia del moderno, encarna (contiene en sí mismo) al sujeto contemporáneo. No se diseña para la sociedad, el autor es la sociedad, es decir, la sociedad soy yo mismo. La disciplina ha de cesar en su intento de entender a la sociedad como algo externo al sujeto que proyecta. El autor posee *incorpore* a la sociedad en sus hábitos y actos de habitar, en su modo de entender el real, en su accionar cotidiano. Dar cuenta de que el autor no es una entidad autónoma es comprender que el mismo se encuentra (en parte) sujetado a su cultura, su idiosincrasia. La sociedad no es algo externo para lo que el individuo trabaja, sino que el individuo trabaja desde la sociedad, el individuo es la sociedad.

Siendo el individuo la sociedad misma, es decir, no parte de la sociedad sino la sociedad en sí, posee las idiosincrasias de toda sociedad. Esto implica que el individuo proyectista contemporáneo es además presa de tradiciones, rutinas, ceremonias y todo aquello que es estanco en una sociedad. Sin embargo, este individuo-sociedad es consciente del actual devenir contemporáneo del mundo. Da cuenta de las teorías de la complejidad, del giro digital de los albores de los años 90's, del descubrimiento de estructuras de pensamiento no-lineal, de la incompletud del mundo, de la incognocibilidad del real, etc. Es aquí, entonces, donde nos encontramos con una dificultad mayor, que planteo en los siguientes términos: El individuo proyectista contemporáneo se encuentra escindido (en las metrópolis donde habita en la sociedad contemporánea) entre un sujeto-sujetado (condicionado a normas preestablecidas, caminos prefigurados, dispositivos del habitar instalados culturalmente, *clichés*, etc.) y un sujeto-productor (consciente de un Real complejo, interesado y necesitado de generar configuraciones que por dar cuenta de este real, son inéditas y rebeldes a la rutina).

La Psicología Social nos dice que un sujeto sujetado se encuentra vinculado a grupos de pertenencia con quienes construye lazo social (según Lacan) lo cual lo condiciona en su modo de pensar y proceder ya sea este cotidiano o profesional. Michel Foucault hace referencia a que cada *episteme* condiciona al sujeto,[3] convirtiéndolo en un sujeto-sujetado a

---

[3] La *episteme*, según Foucault, refiere a aquellos marcos de saber impuestos desde el poder que inducen el comportamiento de los individuos de cada tiempo histórico.

los dispositivos de poder, disminuyendo entonces la posibilidad de que el mismo desarrolle una vida auténtica. En este sentido el término tiene directa relación con lo que Martin Heidegger llama "Existencia Inauténtica", este término implica un sujeto que vive en "estado de interpretado". En este estado, el sujeto es incapaz de reflexionar de cara a su propia finitud y se ve restringido por condicionantes que le son externos volviéndolo un sujeto que en lugar de pensar "es pensado". Podemos hipotetizar siguiendo a Foucault que en Arquitectura el sujeto-sujetado no proyecta, sino que "es proyectado".

El problema yace en no poder dar cuenta, por parte del individuo proyectista, de esta escisión procedimental y operar, en consecuencia, en la creencia de que se están evitando aquellos lugares comunes donde el sujeto-sujetado se siente cómodo y es pensado. Es decir, el problema no radica en la escisión del individuo, sino en la creencia de que no está sujetado, o en el desconocimiento de la misma. En este sentido, el individuo opera desde el sujeto-sujetado sin dar cuenta de esta sujeción, depositando la fe del desarrollo de un "buen proyecto" (esto es, Contemporáneo y Situado)[4] en su capacidad de engendrar Ideas creativas, geniales u ocurrencias que emergen de la pura subjetividad, sin arraigo social ni histórico, al igual que las hipótesis que de las mismas derivan.

El presente ensayo, entonces, no buscará sentar las bases de liberación del sujeto de su condición de "ser pensado" (esto en todo caso sería la tarea de la psicología social o incluso de la filosofía) sino pautas para la liberación del proyecto de su condición de "sujetado" a los condicionantes del sujeto. Específicamente en el caso de los proyectos de

Dice Foucault: "En una cultura y en un momento dados, sólo hay siempre una episteme, que define las condiciones de posibilidad de todo saber, sea que se manifieste en una teoría o que quede silenciosamente investida en una práctica." FOUCAULT, Michel. 1966. *Les mots et les choses, une archéologie des sciences huamaines* (Gallimard). Versión en español por FROST Elsa Cecilia. 1968. *Las Palabras y las Cosas, una arqueología de las ciencias humanas* (Buenos Aires: Siglo XXI Editores).

[4] Según Jorge Sarquis, quien acuñó el término en su tesis doctoral de 2007 (Sarquis, Jorge. *Itinerarios de Proyecto 1 y 2*. Nobuko, 2007), que un proyecto sea contemporáneo implica un proyecto consciente y responsivo al estado de las cosas. Esto es un proyecto que dé cuenta del contemporáneo devenir del pensamiento disciplinar, de las técnicas a disposición y de un pasado histórico que desemboca en una actualidad latente. Por situado Sarquis refiere a un proyecto que responde a los condicionantes contextuales y de ambiente en donde se implanta. Esto implica una respuesta por parte del proyecto en cuestión en relación a su Contexto disciplinar, trans-disciplinar, físico, temporal, micro y macro.

vivienda colectiva, los cuales caen presa de dispositivos del habitar y configuraciones predeterminadas constantemente.

En este sentido, el peligro creciente es no identificar, medir, mapear los alcances de las actitudes del sujeto (como autor del proyecto). Algunas voces como la de Lluís Ortega llaman a la nueva generación de arquitectos digitales (en referencia a los últimos veinte años) como arquitectos ampliados,[5] o súper-arquitectos,[6] pero no medir las consecuencias de este poder sobre los actos disciplinares puede llevar a la revelación de un neo-modernismo, donde el Arquitecto es nuevamente amo y señor del proyecto y es quien impone su ley sobre el territorio y los individuos que habitan o habitarán en él. Mario Carpo es cauto al identificar las variaciones disciplinares a lo largo de la década del noventa y comienzos del nuevo siglo y llama a una reflexión en materia de especialización técnica.[7] Como diría Alejandro Zaera Polo, el riguroso conocimiento de la historia ya no tiene el peso de antaño, sino que ahora, el conocimiento práctico es aquel que interesa.[8] Los estudios de Arquitectura se pueblan de jóvenes arquitectos con amplios conocimientos en materia de *software* digital. La técnica ha avanzado varios escalones desde la llamada revolución digital[9] a principios de la década de 1990 demostrando que la nueva era

---

[5] Ortega, Lluis. *La Digitalización Toma el Mando*. Gustavo Gili, 2009. En este compendio de escritos fundacionales de la era digital, Ortega se luce con una introducción que pone de manifiesto la importancia de la técnica del arquitecto ampliado contemporáneo y deposita en él una esperanza inédita haciendo foco en los procesos proyectuales como el punto esencial en la maduración del arquitecto actual.

[6] Eliaschev, Federico. "Súper Máquinas para Súper Arquitectos", en *Revista de Arquitectura SCA*, N° 249.

[7] Carpo, Mario. *The Alphabet and The Algorithm*. The MIT Press, 2011.

[8] Zaera Polo, Alejandro. "Nexus - Código FOA Remix 2000", en *2G Foreign Office Architects* (N° 16), p. 121-144.

[9] Carpo, Mario. *The Digital Turn in Architecture 1992-2012*. John Wiley & Sons, 2013. Muchos han sabido criticar la idea de "revolución" o "giro digital" planteada por Carpo, pero la historia ha demostrado que no hay otro modo de ver el cambio radical en el modo de operar de los arquitectos de la generación de los noventa. Académicos como Greg Lynn, Farshid Moussavi, Alejandro Zaera Polo, Jesse Reiser, Nanako Umemoto, Patrik Schumacher, Françoise Roche y los locales Ciro Najle, Marcelo Spina, Hernán Díaz Alonso o Eric Goldemberg, son algunos de los pioneros en materia de prácticas digitales en la disciplina y han sabido llevar a las más importantes escuelas de arquitectura del mundo hacia los caminos de la digitalización de la técnica.

hace hincapié en un Arquitecto técnico con capacidades superadoras en relación a la técnica de sus antepasados. Sin embargo, liberados de la carga epistemológica disciplinar, los jóvenes arquitectos del nuevo siglo son más propensos a caer presos de estilos, modas y discursos predominantes. El hacer por el hacer es un acontecimiento peligroso si está enfocado en un individuo con tanto poder técnico.

¿En qué medida este individuo es presa de una metafísica de la Arquitectura, de *clichés*, de dispositivos culturalmente instalados? ¿Es posible luchar, como individuo contra los mismos dispositivos que nos gobiernan consciente e inconscientemente?

El problema aquí, entonces, ha de ser cómo producir desfasajes en los modos de operar proyectuales en Arquitectura con el objeto de construir conocimiento, si convivimos con un sujeto-sujetado que constantemente (tanto consciente como inconscientemente) opta por recursos establecidos a priori, producto de concepciones dispositivadoras del pasado.

Antidispositivos

Los últimos veinte años de la historia disciplinar de la Arquitectura han tenido que ver con la mediación proyectual. El devenir de herramientas digitales más flexibles, "amigables" y potentes ha logrado poner el foco en cómo construir mediadores proyectuales que nos permitan potenciar, medir, restringir, consolidar, interrelacionar (etcétera) la relación sujeto-proyecto. Tal es el caso de los conocidos *"blobs"* de Greg Lynn[10] o los sistemas cibernéticos de John Frazer.[11] Sin embargo, ninguno de ellos se ha hecho cargo del habitar de modo directo. Preocupados por las capacidades técnicas de los medios digitales o las relacionalidades biológicas

[10] Lynn, Greg. *Fold, Bodies & Blobs, Collected Essays.* La lettre volée, 2004. En esta colección de ensayos, Lynn pone de manifiesto una serie de conceptos e ideas sobre la animación proyectual en Arquitectura y explicita, entre otros temas, la idea de "Blob" como concepción proyectual-morfológica con fuertes cimientos en metodologías digitales.

[11] Frazer, John. *An Evolutonary Architecture.* AA Publications, 1995. En la sección 1 de su libro, Frazer explica la concepción y modo de acción de su "Universal Constructor Instalation" producto de sus estudios en la Architectural Association en Londres.

o sociológicas (como es el caso de Patrik Schumacher),[12] el problema del habitar (cotidiano) ha sido postergado. Las experimentaciones llevadas adelante por Eisenman en sus "Houses" dan cuenta de un ímpetu liberador de los dispositivos estructurales de la disciplina. Los dispositivos formales y de significado. En su tesis doctoral de 1963 "The formal basis of Modern Architecture" dice:

"El pensamiento arquitectónico contemporáneo a tendido, frecuentemente sin reconocerlo, a un énfasis para con la historia, excepto para aquellos temas relacionados con las técnicas y la tecnología (...) las consideraciones formales son básicas para todas las arquitecturas más allá del estilo (...) un lenguaje que comunicará la naturaleza de la esencia formal de cualquier arquitectura."

En un claro esfuerzo por liberar a la arquitectura de su dispositivo más pregnante, el estilo; Eisenman desarrolla una teoría de la forma como esencia estructural del proyecto. No obstante, podría ser argumentado que cae nuevamente en consideraciones universalistas en vistas de una metafísica general de la disciplina, es un claro y potente intento de generar anti-dispositivos arquitectónicos, los cuales se ven efectivizados no sólo en las experimentales "Houses", sino también en proyectos posteriores.

Un caso ineludible y de contundencia similar es el de la teoría de la "Autopoiesis de la Arquitectura" planteada por Patrik Schumacher. No obstante, el caso de referencia metafísica universalista es más difícil de obviar en Schumacher, ciertas argumentaciones vuelven a su planteo teórico de fuerte relevancia disciplinar y en conexión directa para con los tiempos que corren. Su planteo regido por el pensamiento sociológico de Niklas Luhmann, refiere al mundo como una red interconectada de sistemas de funcionamiento autónomo y auto-productivo. En este sentido recoge el pensamiento teorizado por Humberto Maturana

---

[12] Schumacher, Patrik. *The Autopoiesis of Architecture, Vol. 1 y 2*. Wiley, 2011. En su teoría de la Autopoiesis de la Arquitectura, Schumacher tiende puentes con el pensamiento del sociólogo alemán Niklas Luhmann y nos cuenta sobre una interesante epistemología disciplinar basada en "Sistemas sociales" a la vez que hibrida el modo de generación disciplinar con el concepto de "Autopoiesis" natural tomado de Humberto Maturana y Francisco Varela.

y Francisco Varela en su "Autopoiesis celular". Según Maturana y Varela los sistemas autopoiético deben su característica fundamental a una condición fundamental, la homeostasis:

"Entre las máquinas las hay que mantienen algunas de sus variables constantes o dentro de un rango limitado de valores. (...) Tales máquinas son homeostáticas, y toda retroalimentación es interior a ellas."

Según Schumacher, la Arquitectura es un sistema no sólo autónomo sino autopoiético, esto es, se genera a sí mismo y fija ciertas variables dentro de rangos predeterminados. El discurso de Schumacher tiene un espíritu de amplitud que no reflejan ciertos contenidos específicos, como cuando refiere a aquellos "arquitectos no-paramétricos" y la necesidad de que no construyan en ciudades diseñadas por "arquitectos paramétricos" o incluso lindando con ellos. Esto representa un problema que va más allá de una idea metafísica universal de la disciplina y se compara con dictámenes de peligrosa dictatorialidad. En este sentido, es importante poder separar del discurso de la Autopoiesis de la Arquitectura su relevancia histórica disciplinar de su ímpetu de definición de un estilo metafísico general.

Resulta relevante, en este contexto, interpelar una de las configuraciones víctima de dispositivaciones en su sentido más clásico, el espacio. La noción de espacio, introducida por primera vez como tema estrictamente disciplinar por Alberti en su *Re Aedificatoria*, no ha cambiado demasiado en su caracterización por gran parte de los teóricos críticos como homogéneo. El espacio homogéneo es definido como aquel espacio sin diferencias, continuo, democrático, por repetición. Gregory Bateson define la diferencia entre homogeneidad y heterogeneidad de modo claro:

"Si el territorio fuese uniforme, nada entraría en un mapa, excepto sus límites, los cuales son los puntos en los cuales deja de ser uniforme en relación a alguna otra matriz mayor. Lo que entra en el mapa (mapeo) es, de hecho, la diferencia, sea una diferencia en altitud, una diferencia en vegetación, una diferencia en población, una diferencia en superficie, o lo que sea. Las diferencias son las cosas que entran en un mapa (mapeo)."[13]

---

[13] Bateson, Gregory. *Steps to an Ecology of Mind*. University of Chicago Press, 2000.

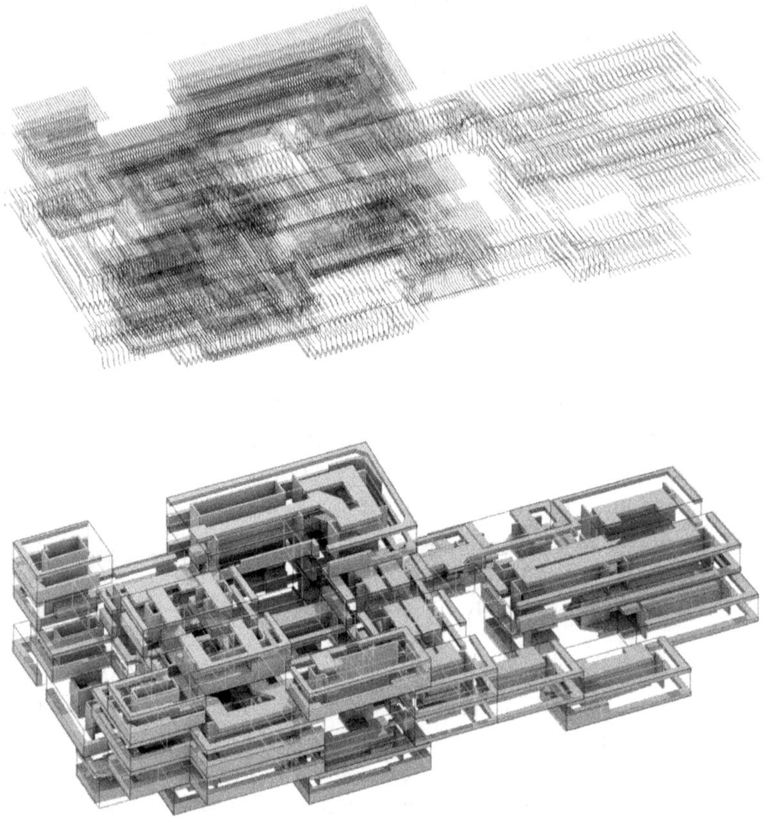

▲ Afectaciones superficiales según actividades del habitar y posterior actualización física
del diagrama. Tesis de maestría en curso del autor.

El espacio homogéneo es el único tipo de espacio que ha determinado a la disciplina desde los convulsionados tiempos del nacimiento del
humanismo hasta no hace mucho tiempo. Sin embargo, la oposición al
espacio homogéneo es difícil, tan difícil que las arquitecturas que pretenden desarrollarlo son mínimas e incluso, pocas se han llegado a materializar. Pues el espacio heterogéneo es cambiante pero coherente, es
diferente a cada paso, pero posee una inter-relacionalidad discreta entre

sus componentes. Christopher Hight, Michael Hensel y Achim Menges lo definen de la siguiente manera:

"Heterogéneo significa algo (un objeto o un sistema) que consiste en unos rangos diversos de ítems o cualidades, los cuales pueden incluir diferencias en tipo como también diferencias de grado. Esto puede ser entendido como multiplicidad de cosas, cambios abruptos o gradientes suaves."[14]

En este sentido Jeffrey Kipnis ha desarrollado cinco puntos planteados originalmente por Ungers que versan sobre la posibilidad de confrontar al espacio homogéneo (dispositivo) en función de la constitución de un espacio heterogéneo (anti-dispositivo):[15]

1. VASTEDAD. El reconocimiento de finitud del espacio heterogéneo. A diferencia del espacio homogéneo que es infinito (podría desarrollarse infinitamente). Las herramientas digitales tienden a desarrollar estructuras de despliegue lineal infinitas, cuando en verdad, en función de reconocer heterogeneidades y variabilidad, los sistemas proyectuales tienen que dar cuenta de un alcance finito. Esto no tiene que ver con el proceso proyectual, sino con las capacidades del proyecto de ser repetido, modulado, apareado, compuesto infinitamente.
2. INEXPRESIVIDAD. Evitar referencias formales o figurativas. Peter Eisenman ha desarrollado grandes avances en relación a este problema. El sujeto en su condición de sujetado suele recurrir a organizaciones o configuraciones pre-determinadas. En función de producir una nueva inteligencia, cada proyecto ha de tener su particularidad. En este sentido, no sirve de nada *setear* librerías de material *inputeable* cada vez que se desarrolle un nuevo proyecto (eso ya existe) sino proponer sistemas complejos de auto-organización de componentes que respondan de modo variable a diferentes condicionantes particulares.
3. MIRA. La arquitectura debe apuntar a la generación o emergencia de configuraciones sociales nuevas, es decir, apuntar a la crítica. Cada advenimiento revolucionario es representativo debido a la crítica inmanente en su esencia. El sujeto-sujetado es incapaz de

---

[14] Hight, Hensel, Menges. "En route: Towards a discourse on heterogeneous space beyond modernist space-time and postmodernism social geography", en *Space Reader: Heterogeneous Space in Architecture*. Wigley, 2009.

[15] Kipnis, Jeffrey. *A question of qualities*. The MIT Press, 2013.

producir crítica, puesto que opera desde lo establecido, se siente cómodo en esa situación. El espacio homogéneo es un recurso por repetición, por lo que no hay propuesta crítica en el mismo que proponga nuevas configuraciones. El espacio heterogéneo debe brindar esta posibilidad.

4. INCONGRUENCIA. El requerimiento de mantener y a la vez subvertir la información de entrada (por medio de ecuaciones o estructuras no-lineales, en donde se opera por medio de input ambiental y las estructuras no-lineales subvierten la información). Mario Carpo se refiere al término "no-linealidad en Arquitectura" o "Arquitectura no-lineal" extendido por Charles Jencks como "prestado de las matemáticas, en donde la información de salida (output) no es directamente proporcional a la información de entrada (input) o donde la relación entre dos variables no puede ser diagramada como una línea recta (...) El término es habitualmente utilizado para referirse a sistemas impredecibles o indeterminados".[16]

5. COHERENCIA INTENSIVA. Una coherencia generada por medio de la incongruencia. Esto tiene que ver, con la teoría de la auto-organización de Ilya Prigogyne por medio de la cual establece que equilibrio y estabilidad son dos cosas distintas. Es decir, que los sistemas más interesantes son aquellos que se alejan del equilibrio a tal punto que en el desequilibrio encuentran la estabilidad. El espacio heterogéneo es estable (a diferencia del collage) pero no equilibrado (a diferencia de la modernidad). El proyecto del espacio heterogéneo tiene que dar cuenta del trabajo dentro de condiciones alejadas del equilibrio adquiriendo una estabilidad informacional de características complejas.

El mediador proyectual

Ahora bien, ¿cómo concebir un mediador proyectual capaz de desarrollar instancias de autonomía con el fin de distanciar al sujeto-sujetado del proyecto (objetivo)? Dice Peter Eisenman:

[16] Carpo, Mario. *The Digital Turn in Architecture 1992-2012*. John Wiley & Sons, 2013.

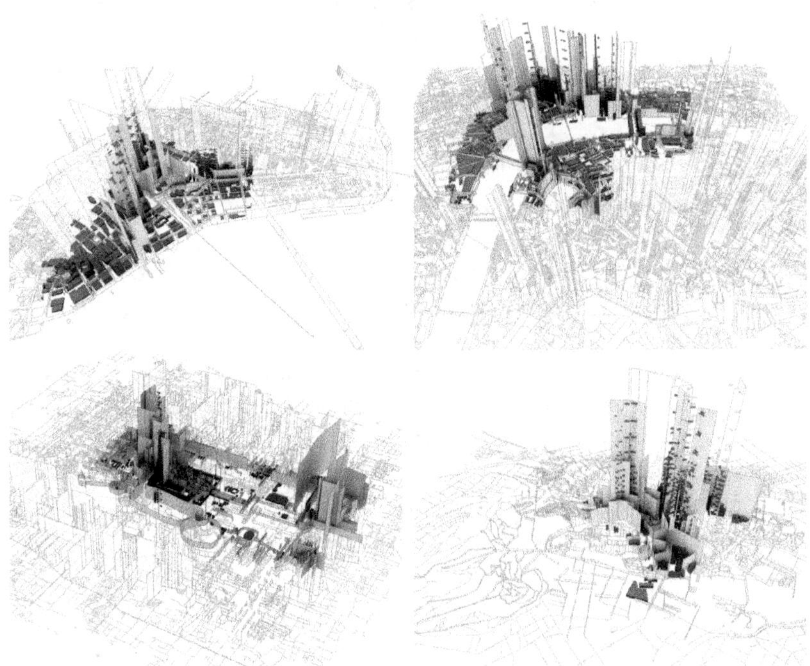

▲ Mediador proyectual de mapeo de ciudades (Nueva York, Londres, Beijing y Atenas). Evolo Skyscraper Competition 2014. Santiago Miret, Federico Menichetti, Melisa Brieva y Luciano Brina.

"Tal remoción del intersticial de un proceso de formación, esto es, de una figuración encarnada, no parece ser posible por medio de un acto de expresión autoral o dese individual porque todo proceso de diseño individual, ya sea a mano o por computadora, resulta en sistemas encarnados; ya están condicionados por la significación. En este sentido, lo intersticial tiene que ser retrotraído de su condición figurativa, esto es, como un poché sólido, donde el significado ya está asentado, hacia una condición de distanciamiento donde puede ser un vacío dentro de un vacío, una superposición de espacio en el espacio, creando una densidad espacial nunca dada por la formación de un contenedor a partir de un perfil".[17]

Queda claro que será preciso, entonces, producir un distanciamiento (y un retrotraimiento hacia lo no figurativo, quizá por medio de la abstracción) entre el sujeto y el proyecto, con el fin de evitar o escaparle a la condición figurativa, es decir, aquella condición pre-establecida en el imaginario del sujeto sobre lo que las cosas deberían ser.

"Es posible proponer un proceso que tenga una precondición necesaria de corrimiento de la expresión autoral de la producción del objeto."[18]

Aquí se refiere Eisenman a la idea de "lo maquínico" específicamente desarrollada por Alejandro Zaera Polo, esto es, la elaboración de tácticas dentro de tácticas. Maturana y Varela explicitan la diferencia entre mecánico y maquínico de modo claro.[19] Lo mecánico es aquel mecanismo producto de la interacción entre partes que por sí solas no producen nada. Lo maquínico, en cambio, es el mecanismo cuyas partes son mecanismos a su vez. En este sentido, los sistemas maquínicos tienden a ser mucho más caóticos que los mecánicos, por ende, propician el surgimiento de emergentes, en el caso de la Arquitectura, proyectuales. Por esto se vuelve esencial la necesidad de engendrar sistemas no lineales capaces de interrelacionarse produciendo construcciones maquínicas.

La máquina maquínica resulta ser una multiplicidad de mecanismos capaz de producir un distanciamiento de la condición figurativa, posibilitando la manipulación de información ambiental a la vez que esta información es trasgredida y reconfigurada desde una condición emergente. Pero para conseguir este fin hay que ser consciente de lo que Françoise Roche refiere al hablar de máquinas maquínicas:

"En sentido básico, las máquinas han sido siempre asociadas a tecnicismos y usadas como una extensión de la mano (...) Pero parece muy

---

[17] Eisenman, Peter. *Written into the void: selected writings, 1990-2004.* Yale University Press, 2007.

[18] Ibíd.

[19] Maturana, Humberto; Varela, Francisco. *De Máquinas y Seres Vivos, Autopoiesis: La organización de lo vivo.* Lumen, 1994.

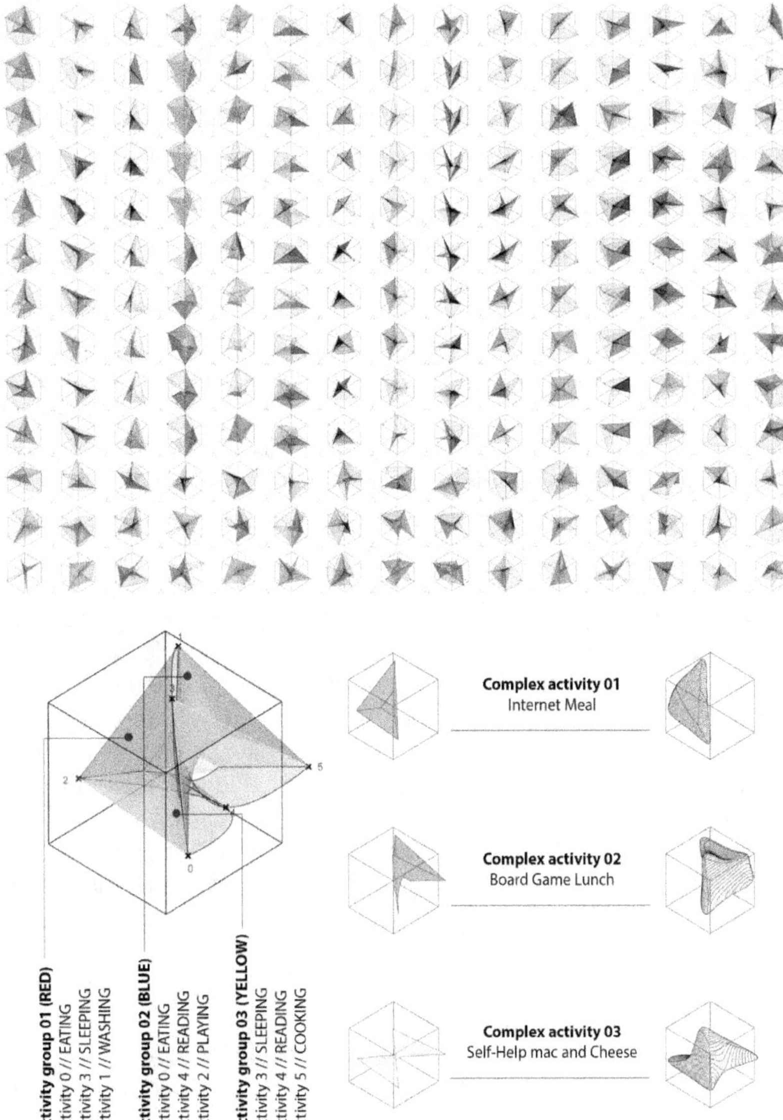

▲ Maquinación proyectual iterativa que busca explorar los modos de vinculación de actividades básicas (asearse, jugar, dormir, leer, cocinar), en función de constituir actividades encadenadas (compuestas) y luego actividades complejas. Proyecto: Santiago Miret, Federico Menichetti y Melisa Brieva.

inocente reducir a las máquinas a esta primer, obvia capa de sus dimensiones objetivas (…) Porque las máquinas además simultáneamente producen artefactos, ensamblajes, multiplicidad y deseos e infiltran la *'raison d'etre'* de nuestro cuerpo y mente en relación con nuestros propios bio-tropos (…) Agentes de lógica difusa, de lógica reactiva y reprogramable, el escenario creado por y a través de estos procesos maquínicos asintóticamente tocan sus propios límites, revelando la frágil y móvil línea de borde entre lo que aparenta ser, lo que debería ser y lo que debería haber sido."

En consecuencia, y en vistas de engendrar un proyecto de vivienda colectiva liberado de la condición del sujeto-sujetado, considero pertinente la exploración en la elaboración de un mediador proyectual de características maquínicas con el fin de incentivar instancias emergentes en las configuraciones del habitar en materia de vivienda colectiva. Esto es, la elaboración de tácticas proyectuales interrelacionadas mediadas digitalmente generando proliferaciones y abundancia informacional (*poiesis*) bajo la estructura de un seguimiento gráfico, capaz de identificar aquellas instancias de desfasaje que propongan nuevos modos de aparecer de los entornos cotidianos, por medio de un despliegue crítico (*æsthesis*) sobre el material elaborado a cada momento. Las instancias de autonomía maquínica han de ser fundamentales para producir el desfasaje o corrimiento de la condición figurativa. La posibilidad de que el sistema sea auto-productivo nos permitirá engendrar configuraciones no pre-figuradas emergentes. De otro modo, la posibilidad de generar nuevas aproximaciones a los emergentes modos de habitar se vuelve una tarea delegada a la "experiencia" y "buena fe", ya que la información de entrada del sistema estará siempre medida por la habilidad de abstracción de un sujeto que se encuentra sujetado a su historia, sus clichés, su pre-figuración del mundo y subjetividades tanto disciplinares como trans-disciplinares. En este sentido, la elaboración de una entidad maquínica desarrollada por medio de tácticas de proyecto no-lineales aparece como una interesante posibilidad de producir emergentes proyectuales.

La información de entrada de esta entidad maquínica provendrá siempre del individuo proyectista, escindido entre un sujeto-productor (curioso, inquieto, complejo) y un sujeto-sujetado (rutinario, estanco, simple). Por lo que dicha información nunca estará del todo desligada de los condicionantes del sujeto cargado de dispositivos culturalmente instalados.

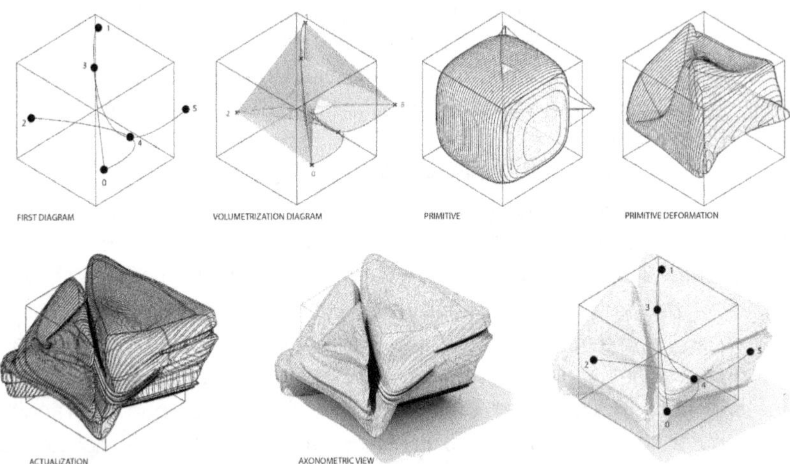

▲ Actualización del diagrama generativo de un proyecto de una vivienda con el fin de construir instancias de aisthesis proyectual. Proyecto: Santiago Miret, Federico Menichetti y Melisa Brieva.

Es decir, la entidad maquínico proyectual será informada por Inputs sujetados (al menos, en parte) culturalmente, pues por más intensión que tenga el sujeto-autor de pensar "creativamente" siempre estará operando desde su postura figurativa, esto es, con los recursos que conoce, con los métodos en los que se siente cómodo, recurriendo a referentes que empatan con sus gustos, etcétera. No obstante, ésta no será información absolutamente dispositivada, puesto que el sujeto-sujetado convive con un sujeto-productor el cual se encuentra profundamente comprometido no sólo con la disciplina, sino también con la Epistemología y métodos de la Investigación Proyectual.[20] Entonces, la información de entrada o

---

[20] Sarquis, Jorge. *Itinerarios de Proyecto 1 y 2*. Nobuko, 2007. En esta publicación, que no es más ni menos que su tesis doctoral, Jorge Sarquis explicita los alcances de una epistemología de la Arquitectura que entiende al mundo en términos de inabarcabilidad e incompletud, entretejida con una serie de sistemas complejos caóticos imposibles de ser divididos y estudiados por partes.

Input proyectual ya no será un constructo absolutamente sujetado a los condicionantes del imaginario cultural-disciplinar de un sujeto-sujetado a la historia, sino que resultará en cápsulas informacionales que incorporarán los juicios y determinaciones elaborados por parte de un activo sujeto-productor.

Estas cápsulas informacionales serán lo que informe a la entidad maquínica proyectual, la cual elaborará maquinaciones no-lineales producto de la proliferación de tácticas proyectuales aplicadas a un contexto determinado. A lo largo del proceso proyectual, dicha entidad engendrará información de salida (Output proyectual) emergente el cual será objeto de juicio estético por parte del individuo proyectista identificando así disrupciones o corrimientos proyectuales a modo de hipótesis pre-fácticas. Las cuales serán puestas a prueba una vez que el proceso proyectual finalice y puedan realizarse sobre el artefacto verificaciones a modo de hipótesis post-fácticas. Siendo estas el objetivo último del proyecto en cuestión. Pues en estas instancias se verificarán los éxitos (o eventuales no-afectaciones) de la entidad maquínica, puesto que no todos los emergentes proyectuales presentarán disrupciones, dándose estas en casos particulares y específicos.

La entidad maquínica proyectual tendrá que enfocar sus procedimientos en dos tipos de disrupciones o hipótesis pre-fácticas, por un lado, existirán las hipótesis estratégicas y como sub-producto hipótesis emergentes. Las hipótesis pre-fácticas estratégicas apuntarán a la crítica de los dispositivos clásicos de los proyectos de vivienda colectiva y se anclarán en las siguientes categorías conceptuales generales.

Conclusiones

Siendo el objetivo la elaboración (o identificación) de emergentes proyectuales y aquellos posibles elementos disruptivos en los modos de aparecer de las configuraciones de vivienda colectiva, se vuelve imperante la construcción de una entidad maquínica proyectual con instancias de autonomía generativa incentivada por una proliferación informacional sólo alcanzable por medio de plataformas digitales y métodos computacionales de selección. Dos acciones, entonces, son importantes aquí:

1. La elaboración de una entidad *maquínica* proyectual (poiesis), por medio de tácticas de proyecto que propicien la proliferación de sistemas complejos con características de no-linealidad, incentivando la emergencia de configuraciones no pre-figuradas.
2. La identificación (*æsthesis*) de aquellas instancias que demuestren corrimientos en los modos de aparecer del proyecto de vivienda colectiva llamadas "disrupciones".

Es importante decir que no pretendo esclarecer ningún tipo de argumento en función de la llamada "buena arquitectura", ni tampoco asegurar el camino hacia un modo de accionar "correcto". Mi intensión aquí es construir las herramientas que contribuyan a iluminar los caminos tempestuosos de una contemporaneidad digital muchas veces perdida por los influjos de una avasallante y siempre creciente cultura de la imagen.

DIGITAL, MATERIAL, DIGITAL

Dana Sáez y Federico Garrido

La arquitectura es pura práctica material
Introducción

Tenemos en claro que como proyectistas no gozamos contacto verdadero con la materia ni su trabajo mediante la técnica. Al proyectar, definimos una serie de instrucciones para que otro actor (constructores, robots, fábricas o proveedores) las ejecute mediante –ahora sí– la utilización de procedimientos técnicos. De ahí la importancia de comprender a nuestro objeto de estudio –el proyecto– como un sistema de ordenamiento de procesos y sus sucesivas transformaciones materiales desplegadas a lo largo del tiempo.

Entendido en estos términos, un juego de planos es solo la manifestación de determinados aspectos del proyecto, congelados en un periodo de tiempo específico, expresado dimensionalmente mediante un sistema de proyecciones ortogonales. Una planta de un edificio es entendida entonces como la expresión de ciertos rasgos materiales representables en un dibujo de dos dimensiones. Jeffrey Kipnis define a este proceso como migración diagramática.

Volviendo a nuestro rol en el proyecto, como diseñadores nos vemos obligados a determinar la organización material de un edificio, las proporciones y tamaños de sus elementos, sus relaciones espaciales, los umbrales entre interior y exterior, la distribución topológica de los lugares, la concatenación y el diseño de las actividades que cobijan, etc.

▸ La construcción de las piezas fue realizada con moldes de yeso realizados en CNC y las piezas son de cerámica (Stone Ware). En las piezas cerámicas se puede observar la huella del CNC con el que fueron producidas. Todas las imágenes fueron producidas por Dana Sáez durante marzo y junio de 2015 en EKWC@SundayMorning, Holanda.

Lo novedoso residiría entonces en considerar a todos estos aspectos como diseñables materialmente. Es posible entender a todos estos aspectos de la obra como materiales (no sólo los físicos o los elementos de construcción) como elementos con características físicas manipulables, peso, densidad, geometría, capacidades aislantes, vida útil, rigidez.
Zaera Polo dice:

"El objetivo sería trascender la consistencia social y lingüística de los programas, aprender sus propiedades materiales y las formas de construir con ellos."

Y luego:

"Los nuevos materiales se producen cuando estas propiedades físicas o geométricas de un programa entran en reacción con otros parámetros materiales: la resistencia del acero a tracción, el grado de transparencia del vidrio, la presión del viento o la deformación admisible del hormigón."[1]

---

[1] Zaera Polo, Alejandro. Revista *2G* N°16. Gustavo Gili, 2001.

En sí mismo, cada material posee una cantidad infinita de rasgos latentes que pueden expresarse en los procesos de diseño. Dentro de cada componente material estos rasgos particulares deben ser liberados por el diseñador mediante el trabajo técnico y luego manifestarse en algún aspecto del proyecto.

Sanford Kwinter[2] menciona como ejemplo a las propiedades físicas y químicas de un tronco de árbol. Puede comprenderse que las propiedades físicas de las fibras de la madera son 'expresadas' en el momento en el que el diseñador decide colocar al tronco como columna, esto es, *trasladar* esa característica interna, la 'resistencia' al conjunto del edificio. Lo mismo sucedería al utilizar el mismo tronco como leña; el rasgo 'combustible' esta imbuido en la materia desde siempre, el operador decide entonces como liberarlo y manifestarlo.

Conociendo y desplegando geométricamente estos rasgos distintivos (según Kwinter tanto física como químicamente ambos son del mismo orden) es que la verdadera materialidad se pone en juego en el proyecto.

Por otro lado, Alberto Sato[3] establece entonces la diferencia entre materia y material; la materia es una sustancia (la madera) mientras que el material está acotado a la práctica de cada disciplina, dependiendo de la historicidad (en el uso), sus cualidades mecánicas (resistencia a las cargas) o su modo de aparecer y generar sensaciones.

El problema tectónico material desde la perspectiva regional

Desde una perspectiva histórica, la preocupación por el problema material podría entenderse como reaccionario ante la última postmodernidad que supuestamente redujo las inquietudes formales y estéticas a un problema de superficie.

Una parte de la disciplina decidió entonces encarar un movimiento de retorno al material como fuente primaria de inspiración arquitectónica, no desde el aspecto puramente técnico sino más bien encontrando algún rasgo sensible, teñido de cierta *correctitud política*, entendiendo

[2] Kwinter, Sandford. "El judo de la combustión en frío", en *Atlas of Novel Tectonics*. Princeton Architectural Press, 2006.

[3] Sato, Alberto. *Arquitectura, Tecnología, Técnica, Materia y afines*. CEAC Universidad Di Tella, 2005.

a la construcción no como dominación del mundo natural (mediante la técnica) sino más bien como lo que *debe* hacerse, no sólo por que la economía, la historia, el medio ambiente o el lugar lo demandan sino, principalmente, porque se puede.

En estos términos, podríamos entender la diferencia entre tecnología, técnica y tectónica. Según Alberto Sato,[4] la técnica es una destreza, una habilidad destinada a una finalidad practica, mientras que la tecnología es un conjunto de acciones socialmente estructuradas.

Dice Sato:

"La diferencia entre Técnica y Tecnología es epistemológica. La técnica establece procedimientos con la aplicación de conocimientos; la tecnología establece conocimientos con la aplicación de procedimientos."

En cambio, la tectónica se entiende como una expresión, como un modo de aparecer, no solamente como un modo de trabajar la materia.

Dice Frampton sobre la tectónica:

"Edouard Sekler definió a la tectónica como una cierta expresividad producida por la resistencia estática resultante de la forma constructiva, de tal modo que la expresión resultante no podía ser explicada en sólo en términos de estructura y construcción."

Y luego:

"El pleno potencial tectónico de cualquier edificio proviene de su capacidad para articular los aspectos poéticos y los aspectos cognitivos de su sustancia. Esta doble articulación presupone nuestra mediación entre la tecnología como procedimiento productivo y la habilidad técnica como una capacidad anacrónica pero renovada, reconciliando diferentes medios productivos y niveles de intencionalidad. De hecho, la tectónica se opone a la tendencia habitual de desaprobar el detalle en favor de la imagen total. La tectónica como valor se opone a la figuración gratuita, hasta tal punto que concebimos nuestras obras como si fueran de larga duración, 'debemos producir cosas como si hubieran existido siempre'. … Finalmente todo versa en cómo realizar algo para que sea exactamente una manifestación abierta de su forma…"

[4] Ibíd.

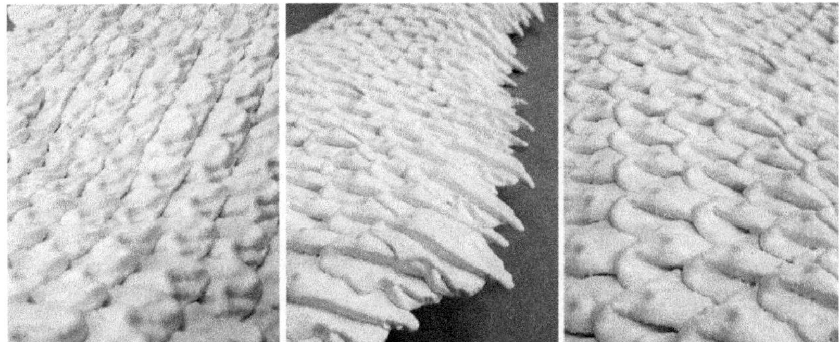

▶ La construcción de las piezas fue realizada con moldes de yeso realizados en CNC y las piezas son de cerámica (Stone Ware). En las piezas cerámicas se puede observar la huella del CNC con el que fueron producidas. Todas las imágenes fueron producidas por Dana Sáez durante marzo y junio de 2015 en EKWC@SundayMorning, Holanda.

El denominado regionalismo crítico contrastó con cierta esterilidad expresiva malentendida como herencia moderna, ahora justificada por una nueva *racionalidad* en el recurso utilizado; en la mayoría de los casos una racionalidad económica, ecológica, tecnológica.

En los términos de Sanford Kwinter entonces, podríamos esgrimir que en ciertas prácticas latinoamericanas sólo nos hemos preocupado por expresar un numero de rasgos característicos limitados, concentrándonos únicamente en buscar modos de aparecer alternativos, apoyados en cierto misticismo relativo al ordenamiento geométrico de los elementos constitutivos de la obra. Aquí cabe aclarar, sin embargo, la referencia a la 'obra' y no al 'proyecto' intenta describir en qué momento especifico del proceso de proyecto se producen estas innovaciones en el trabajo material.

Seducidos por una poética alternativa de los materiales, descubrimos un vector de salida hacia nuevas posibilidades espaciales y estéticas a partir del trabajo técnico. No hemos logrado cambiar sustancialmente el 'cómo' operar y diseñar desde el proceso con los materiales y técnicas sudamericanas. Del mismo modo, podría inferirse que el rol de la materia y de los procesos materiales aún no ha logrado influir decisivamente en las estrategias de proyecto, es decir, de qué modo el despliegue geométrico de rasgos característicos se puede recolectar y acumular de un modo controlado.

Del mismo modo, se vuelve necesaria una epistemología precisa que explique el rol del trabajo material en los procesos de proyecto, mediante que variables e indicadores se desmenuza, y más importante aún, como desagregar los nuevos referentes y prácticas arquitectónicas para comprenderlas bajo estas ópticas.

Sustancia y materialidad

Aristóteles sostenía que la sustancia estaba compuesta indisolublemente de forma y materia; la primera, inerte, estática y pasiva, la segunda, enérgica, vital y activa.

A esta doctrina se la denomino *Hilemorfismo* (*hyle*, materia y *morphe*, forma), que proponía entender a la forma como un producto *cerebral*, perteneciente al mundo de las ideas, trascendental. La materia, en cambio, debe ser un receptáculo inerte y estático para dicha forma, sin capacidad de resistencia ni influencia, esperando una *idea* que le brinde sentido y la convierta en sustancia.

Por otro lado, Deleuze habla de dos tipos de ciencia (como modo de conocer la realidad o el real), una ciencia Real (Royal) y una ciencia Nómada. La Real se interesa únicamente por las estructuras jerárquicas, las leyes y las reglas universalizables. Solo percibe de la realidad estructuras jerárquicas de control sólo perceptibles mediante la comprensión racional de los fenómenos.

La ciencia Nómade por otro lado, se preocupa por las interacciones, los cambios y gradientes de diferenciación. Le interesa el mundo físico, lo empírico, el conocimiento material que se da en los talleres y forjas. Extrae leyes, pero sólo son locales, temporales y reproducibles sólo bajo ciertas condiciones que provocan que no puedan extrapolarse fácilmente.

En estos términos, la materia aquí sí insinúa una forma al ser trabajada, no la recibe sin expresar resistencia, sino que reacciona ante la imposición, propone modos de encauzar, absorber y desviar las fuerzas que se le aplican. La materia aquí se adapta, reacciona, se reacomoda, es *activa*, se *autoorganiza* y nos devuelve información... si es que estamos dispuestos a percibirlo.

El control (entendido disciplinalmente como el rol del diseñador) aquí es indirecto, nunca se pueden saber de antemano los resultados, o cómo reaccionará el material. El proyecto entonces, debiera explorar el espacio de posibilidades definido por las manifestaciones de rasgos característicos de cada material.

Algo similar se describe en la epistemología de la Investigación proyectual y las metodologías de proyecto. Según Cacciari, hay dos caminos o modos de proyecto;[5] un *camino hacia* establecido como una estrategia de previsión y anticipación, apoyado en la prefiguración como aproximación las complejidades del proyecto, y un *camino desde* no determina ni resultados ni criterios de evaluación a priori, ni establece prefiguraciones (tipológicas, morfológicas, programáticas, estructurales) como únicas herramientas de proyecto, sino que busca el "fatigoso brotar hacia la presencia", eliminando la idea *fuerte* en pos de múltiples ideas *pequeñas* con interacciones locales entre componentes (materiales, programáticos, perceptivos), a la vez tejiendo relaciones (geométricas, performativas).

Materialidades ricas y materialidades pobres

En su texto *Quién le teme al formalismo*,[6] Sanford Kwinter define dos tipos de formalismos: uno llamado *formalismo pobre* y otro denominado *formalismo rico*. Los primeros, según Kwinter, aparentemente sólo se preocupa por el modo de aparecer de la materia, la *forma* expresiva, como se percibe y como se aprecia. Lo que tradicionalmente conocemos como formalismo, es entonces en realidad, un formalismo pobre.

Los segundos, están interesados –además– en comprender cómo esta forma se genera, cómo se *fabrica*, cómo se obtiene a partir de la manipulación de la materia y de cómo se manifiestan en la forma los procesos en los que se diagrama la expresión de sus rasgos materiales a lo largo del proceso de diseño.

Quizás podríamos establecer categorías similares a la hora de describir la injerencia de los procesos materiales en las estrategias de proyecto, definiendo a las *materialidades ricas* como aquellas que permiten un despliegue de rasgos controlados por el diseñador en el proyecto.

Así también, sería interesante desarrollar los dispositivos proyectuales necesarios para decidir no sólo qué papel cumple cada material (como

[5] Sarquis, Jorge. *Itinerarios de Proyecto 1 y 2*. Nobuko, 2007.

[6] Kwinter, Sandford. *Who's affraid of formalism en Phylogenesis*. Actar, 2003.

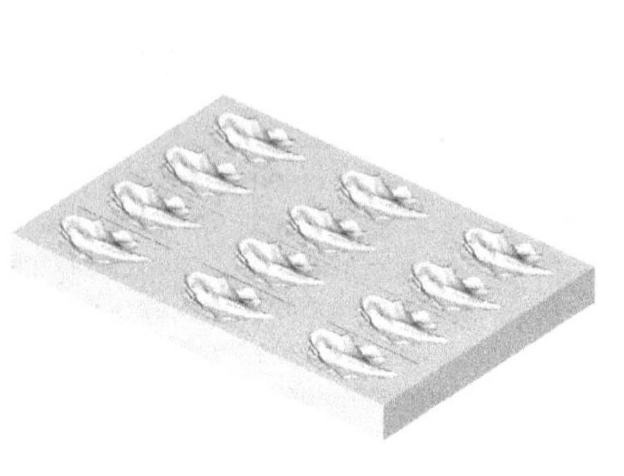 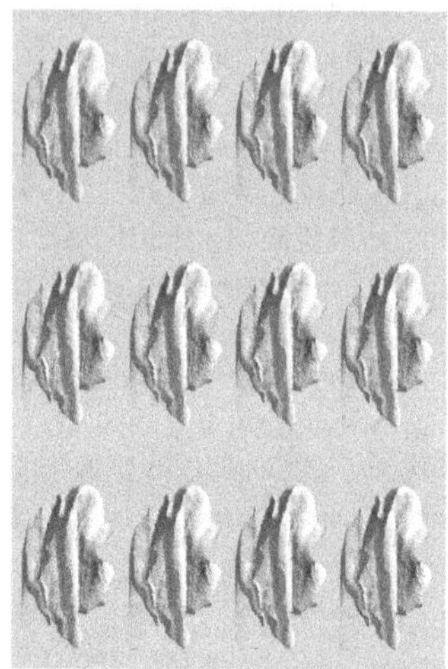

▶ Objeto escaneado en 3D y su posterior análisis para la generación de la pieza con la que se procedió a la construcción de las piezas cerámicas. Todas las imágenes fueron producidas por Dana Sáez durante marzo y junio de 2015 en EKWC@SundayMorning, Holanda.

tradicionalmente solemos comprender a la materia; corporizada siempre en las categorías modernas cerramiento, estructura, decoración) en la obra sino también la posibilidad incluso de cumplir varios roles en cada uno de esos diferentes lugares.

Materialidades ricas y la época digital

Manuel De Landa[7] habla en su texto *Filosofía de los programas de diseño* acerca de la concepción de la materia imbuida en los sistemas de representación CAD. Allí establece que la creciente industrialización

[7] De Landa, Manuel. "Filosofía de los programas de diseño", en *VERB Processing*. Actar, 2001.

de los procesos de fabricación del acero junto con la expansión de su utilización a nivel global provocó dos fenómenos palpables para los diseñadores. Primero, fue necesaria una homogenización de su producción, mediante una serie de procesos mecanizados de baja complejidad.

Y segundo, y más importante aún, el arrastre de esta *concepción homogeneizadora* del material finalmente al software de diseño, desde los cuales, por ahora no es posible incluir en las definiciones geométricas de los componentes constructivos que se diseñan, información otra más allá de la dimensional.

Puesto de un modo simple; un sistema de control homogéneo necesita trabajadores y maquinas homogéneas que a su vez necesitan materiales homogéneos. El sistema de control de estos procesos, ya sea de fabricación o de construcción, no permite actualmente incluir (o diseñar, al caso) otras características materiales deseables en un proceso de proyecto.

A tal necesidad, se ha vuelto ineludible *parametrizar* otras características materiales y así ingresarlas en sistemas digitales de diseño que permitan explotar rasgos diferenciales hasta ahora ocultos o relegados pasivamente al misticismo del aparecer final en la concreción de la obra como tal.

La expresión 'materialización' incluso habla de un momento específico del proyecto, luego de que se pensó, se diseñó, y se ajustó su geometría recién es posible hablar de *materializar* el proyecto, como si ser sometida a los caprichos formales del diseñador no detonaran una cascada de reacciones físico químicas que reinformen y redefinan el diseño.

Como diseñadores también debemos comenzar a incluir estos rasgos característicos a la hora de proyecta; una materialidad rica entonces debiera de tener en cuenta heterogeneidades materiales específicas como por ejemplo gradientes de capacidad portante, características aislantes, luminosidad, propiedades autolimpiantes y otros rasgos.

Son necesarias nuevas taxonomías materiales, referencias cruzadas, mapear nuevas características y luego soltarlas salvajemente en el proceso de proyecto.

Un ejemplo de ello es el libro *La función del Ornamento* de Farshid Moussavi,[8] donde se mapean *afectos* materiales, características alternativas difíciles de medir, pero que la autora ordena taxonómicamente estas características, desarmarlas y comprenderlas geométricamente. Si bien

---

[8] Moussavi, Farshid. *La función del Ornamento*. Actar, 2006.

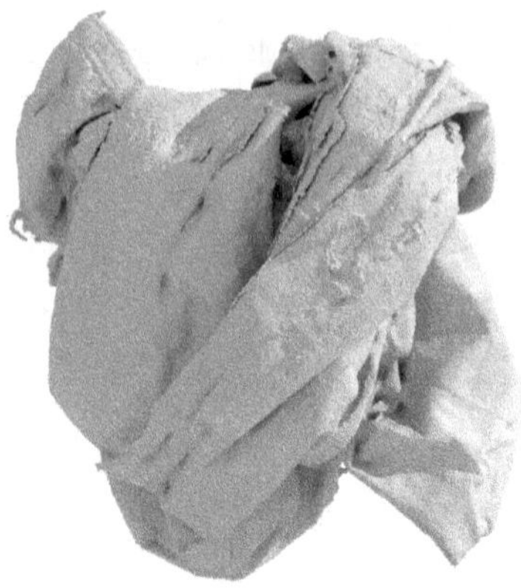

▶ Objeto escaneado en 3D y su posterior análisis para la generación de la pieza con la que se procedió a la construcción de las piezas cerámicas. Todas las imágenes fueron producidas por Dana Sáez durante marzo y junio de 2015 en EKWC@SundayMorning, Holanda.

la investigación de Moussavi habla específicamente sobre el ornamento y sus como inciden en los diferentes aspectos del proyecto (programa, imagen, fachada), los denominados *afectos* que describen son puramente arquitectónicos (profundidad, diferenciación, aleatoriedad, relieve) y prueban que es posible pensar en características materiales alternativas que deben ser estudiadas e investigadas.

Investigaciones sobre la materialidad y lo digital
Casos de estudio

Esta investigación entonces propone indagar estos dos modos de comprensión de la materia, el hilemórfico y el no hilemórfico, filtrados a través del paradigma digital.

En estos términos, mucha de la producción de la llamada arquitectura digital devino en indagaciones sobre las posibilidades de la fabricación digital. Se denomina bajo este nombre a las técnicas de fabricación autónomas capaces de producir objetos (ya sea por corte, desbastado, inyección de plástico, u algún otro medio) sin necesidad de intervención de un operario. Dentro de estas técnicas se incluyen tornos CNC, impresoras 3d, herramientas de corte láser entre muchas otras.

Gracias a estas novedosas técnicas constructivas que teóricos como Patrik Schumacher[9] o el mismo Kwinter terminan por justificar las estrategias proyectuales digitales. Para ellos, estas nuevas formalizaciones solo son posibles gracias a un cambio radical en los modos de producción. Básicamente abandonando el modo fordista de producción seriada masiva por un *régimen post-fordista* de pequeñas series limitadas donde (de nuevo gracias a capacidad del ordenador) se permiten pequeñas variaciones en los diseños sin afectar los tiempos y costos de obra, con el consecuente impacto en la lectura tectónica de esta arquitectura (que ya no se generara por *repetición seriada* sino por *repetición diferenciada*).

A primera vista, muchos de los trabajos generados con estas tecnologías denotan cierta imagen *líquida*, *fluida*, sin demasiado arraigo en la historia disciplinar. Esta falta de información constructiva, se manifiesta como una falta de "tectónica" (entendida tradicionalmente como la representación de un saber técnico), no se percibe un arte del construir, falta un *saber hacer*.

La denominada fabricación digital entonces opera bajo la definición de Hilemorfismo definida con anterioridad; las formas hipercomplejas generada ahora digitalmente se impone sobre un material que espera a ser deformado sin ninguna reacción ni capacidad de influir el diseño ya que las herramientas de fabricación digital, tornos CNC o impresoras 3d corta, desbastan o funden de un mismo modo y sin esfuerzo plástico, acero u hormigón.

Muchas prácticas interesadas por la morfogenética como Greg Lynn, Marcos Novak, Hernán Díaz Alonso o quizá Marcelo Spina podrían entrar en esta categoría, aunque vale la pena aclarar que las preocupaciones materiales son verificables en su obra, es simplemente el rol que ellas cumplen en las estrategias de proyecto lo que las filtra en esta categoría.

Por otro lado, existen prácticas que incluyen características y rasgos materiales computables en los procesos de diseño que aumentan y retroalimentan el rol y las decisiones tomadas por el autor en tiempo real.

[9] Schumacher, Patrik y Rogner, Christian. *After Ford*. Detroit, 2001.

Suele ejemplificarse en estos casos al modelo de catenaria invertida desarrollado por Antoni Gaudí para la Sagrada Familia; donde se creó un dispositivo que filtraba información material, en este caso, la deformación provocada por la interacción de cargas, convirtiéndose finalmente en espacio y forma autoorganizada. Podría citarse el caso de las investigaciones de Frei Otto relativas a la autoorganización y el estudio de geometrías de las burbujas.

En mayo del 2012 junto con Mg Arq. Eugenia Villafañe se realizó en la FADU UBA el Workshop Deformaciones Orquestadas explorando las posibilidades de diseño devenidas de estudio de estructuras de compresión pura, análogamente a los estudios de Gaudí, pero ahora, con la ayuda de medios digitales.

Es claro entonces que como diseñadores necesitamos comprender a los materiales y sus interacciones mediante un nuevo enfoque. Las metodologías deberán 'leer' a los materiales en nuevos términos y así poder reparametrizarlos y reingresarlos en los softwares de diseño.

Solo mediante estas relecturas y reescrituras podremos atrapar y desplegar progresivamente rasgos y características materiales de un modo novedoso, produciendo nuevas formaciones, nuevas organizaciones, nuevos sentidos y por qué no, nuevas arquitecturas.

UTILITAS OPEN-SOURCE

Federico Menichetti

Prácticas Autográficas vs Prácticas Alográfícas

En la siguiente transcripción de una de las clases de la materia Investigación Proyectual, me he centrado en el problema de la mal llamada representación. Como todos sabemos, o no tanto, los dibujos en arquitectura no representan, de hecho, no pueden representar nada porque siempre es un dibujo sobre alguna cuestión que aún no existe o bien no está materializada, aunque de alguna manera, sí podríamos decir que representan cánones conocidos utilizados como un lenguaje. Pero aquí el problema del mismo es que puede llevar a una "dispositivación" de la forma de abordar la disciplina. Por lo tanto, el dibujo es una cuestión importante en lo que respecta al desarrollo de la arquitectura, es en definitiva nuestro lenguaje.

En su libro *Practice: Architecture technique + representation*, Stan Allen aborda la problemática de la representación mencionando que según Nelson Goodman existen dos tipos de prácticas denominadas: Autográficas y Alográficas. Con respecto a las autográficas, Goodman se refiere, en resumen, a aquellas prácticas que para su autenticidad dependen del contacto con el autor. Es decir que estas prácticas la obra se encuentra sin mediadores o abstracciones que "representan" o mejor dicho proyectan ese real aun por venir. En contraste con esta relación directa con la obra, la arquitectura junto con otras prácticas como la música y la danza son prácticas alográficas, donde el autor no tiene un contacto directo con la misma y debe valerse de ciertas herramientas o técnicas que permitan salvar esa distancia.

El Dibujo

"Los dibujos arquitectónicos también trabajan *notacionalmente*, y pueden ser comparados con la música, los códigos, o scripts. Un dibujo arquitectónico es un montaje de notaciones espaciales y materiales que pueden ser decodificadas de acuerdo a una serie de *convenciones compartidas* en función de afectar una transformación de la realidad a una distancia del autor. El dibujo como artefacto es insignificante. Este puede ser convincentemente descrito como un guion, una partitura o una receta: *una serie de instrucciones para realizar un edificio*."

Stan Allen

Allen pone al dibujo en su trabajo de notación mediadora o genérica, y ésta es una importante conclusión con respecto a un alejamiento de los cánones, ya que esa distancia es suficientemente lejana como para generar indeterminación aun en los casos de mayor precisión. Podríamos decir que la indeterminación que a veces tanta incertidumbre y miedo genera, es nuestro mejor aliado para la producción de nuevas formas de configuración arquitectónica. La indeterminación es una indeterminación material, pero con respecto a las formas canónicas cristalizadas en la disciplina.

Representación como semejanza

"… teorías de la representación arquitectónica basadas en la semejanza, que derivan de las artes visuales y encuentran su origen de regreso a las ideas clásicas de mimesis, son inadecuadas para entender el rango completo de las técnicas arquitectónicas [representacionales]"

Stan Allen

La semejanza es enemiga de la indeterminación. Un "dibujo arquitectónico" no es establecido, pautado o cognoscible desde el punto de vista

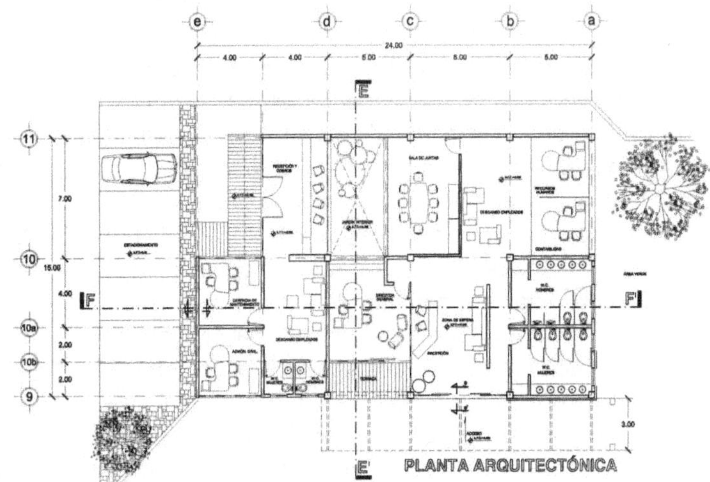

▲ Representación tradicional de una planta de arquitectura.

▼ OMA, Yokohama Design Forum.

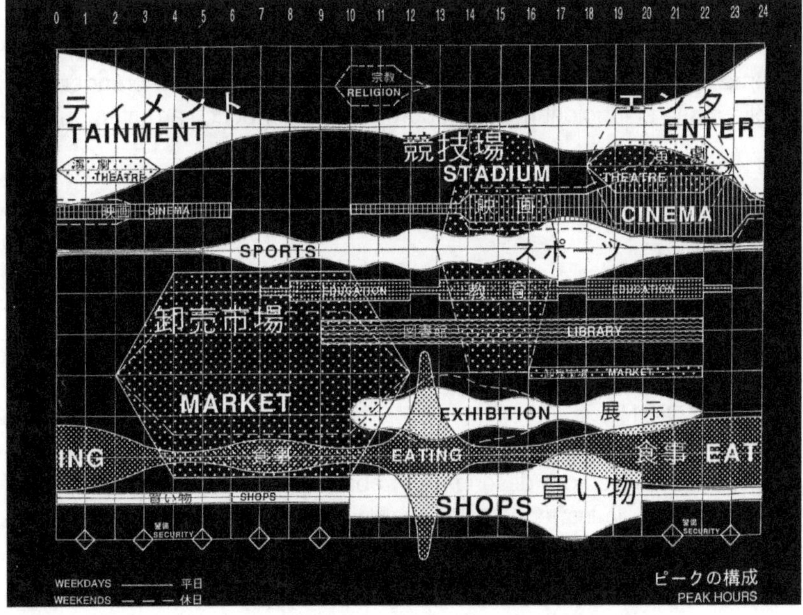

de la mera convención; no se parece a nada conocido, no se parece a la arquitectura, sino a su proceso generativo.

Por un lado, la representación intenta imitar la realidad y por el otro el dibujo diagramático solo abarca aspectos abstractos de la arquitectura explicando la técnica en su totalidad y no en su resultado estático. En las imágenes vemos una que de alguna manera representa dispositivos establecidos del habitar, una columna con dimensiones conocidas que da cuenta y seguridad de que es estable y resistente, elementos divisores de los ámbitos que son de una materialidad física conocida. Por el otro lado el diagrama de la estación marítima de Yokohama, muestra relaciones actividades en el tiempo, y una distancia aun mayor con la manifestación física del proyecto, pero no por eso menos arquitectónico. El dibujo se aleja del real para crear algo nuevo. La naturaleza alográfica de la arquitectura es lo que permite ese distanciamiento entre la obra producida y la herencia ontológica, que, aunque parezca ser históricamente desligada de cualquier responsabilidad, no es más que una necesidad de explicar esa ontología dada para poder modificarla mejorarla o descartarla. La indeterminación está presente en cualquier dibujo arquitectónico, incluso en la imitación material donde en la práctica siempre hay una diferencia, aunque se dé aires de verosímil. La inverosimilitud de los diagramas viene a hacer la revolución sobre la herencia clásica de la arquitectura.

Dentro de la concepción del dibujo como notación diagramática, Allen resume 5 puntos fundamentales sobre la necesidad de comprender más ampliamente el funcionamiento alográfico de la práctica arquitectónica:

1. ANTICIPACION
2. INVISIBILIDAD
3. TIEMPO
4. COLECTIVO
5. DIAGRAMAS DIGITALES

ANTICIPACIÓN

"La Notación siempre describe un trabajo que aún no se ha realizado."
"A diferencia de las teorías clásicas del mimesis, la notación no mapea o representa objetos o sistemas existentes, en su lugar anticipa nuevas organizaciones y especifica relaciones que aún no se han realizado."

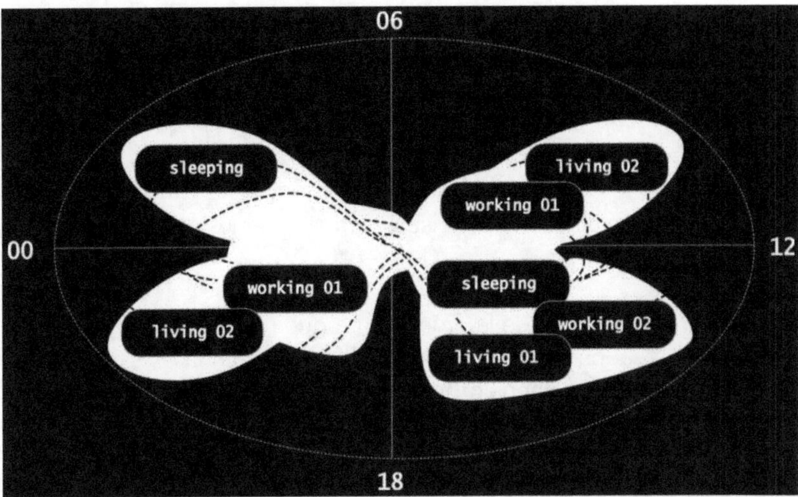

▲ Ben Van Berkel UN Studio, Mobius House.

▼ Foreign Office Architects, Yokohama Terminal diagram.

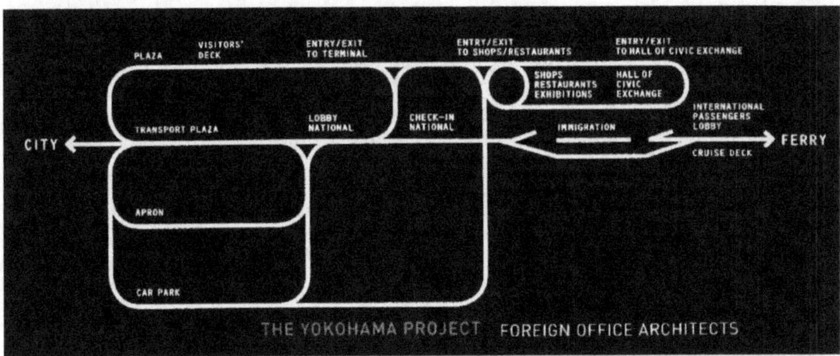

El dibujo anticipa nuevas realidades, pero no representa una existente. Este punto es fundamental para comprender el aspecto indeterminado de la arquitectura. Tal como Allen menciona no representa o mapea objetos existentes, sino que se posiciona en una distancia sobre ese objeto por venir, se anticipa. Pero cabe aclarar que lo que implique una anticipación no deviene una determinación preconcebida, la forma siempre es inesperada, y si desarma lo conocido para dar lugar a lo nuevo.

Invisibilidad

"La notación va más allá de lo visual para abordar los aspectos invisibles de la arquitectura."

Hay ciertos aspectos de la arquitectura que no pueden ser representados o expresados con un avatar digital, una columna es simplemente dibujada como un rectángulo en la búsqueda de su analogía material. Pero El caso de las acciones humanas, los elementos fenomenológicos, los sonidos, olores, y diversas cuestiones que no son representables miméticamente, no pueden ser abarcados determinadamente. Lo que viene a hacer la notación diagramática es a buscarles una simulación que intenta poner de manifiesto esos fenómenos invisibles. Entonces de alguna manera abarca un aspecto importante de la arquitectura que es más que simplemente materia física; es también movimiento y transformación. Para dar unos ejemplos en el caso de la casa Moebius de Ben van Berkel una serie de diagramas dan cuenta de los fenómenos habitacionales que se ven en la vida cotidiana, trabajar, dormir, estar, etc., y de sus relaciones con respecto a la totalidad de las actividades. Lo mismo pasa con los diagramas de FOA sobre la terminal de Yokohama, ponen de manifiesto elementos invisibles y simulan abstractamente el comportamiento de un futuro material.

Tiempo

"La notación incluye el tiempo como variable."

Otra de los puntos importantes que el texto de Practice hace referencia es el tiempo como variable, si bien es difícil poder representar estáticamente las variaciones en el tiempo, la notación deja de lado la mimesis para ser un potenciador de variaciones y poner de manifiesto ciertos aspectos de la vida cotidiana y la realización de los edificios que de otra manera no serían considerados en el proceso. Las fotos de Thomas Eakins y de Eadweard Muybridge son de algún modo ejemplo

▲ Ben Van Berkel UN Studio, Mobius House.

▼ Foreign Office Architects, Yokohama Terminal diagram.

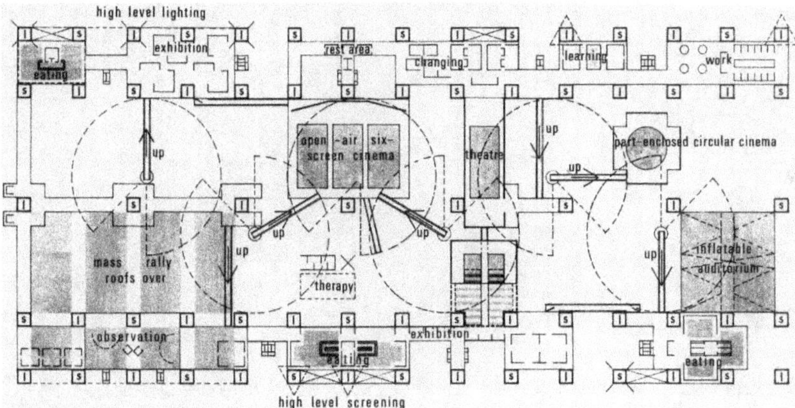

de esa transformación en el tiempo. Las fotos muestran la acción de saltar en diferentes "frames" o fotos superpuestas que evidencian esas transformaciones en el tiempo. Ya Greg Lynn introdujo la idea de que la arquitectura posee movimiento y que los nuevos softwares de animación abrieron las puertas para la utilización de esas herramientas

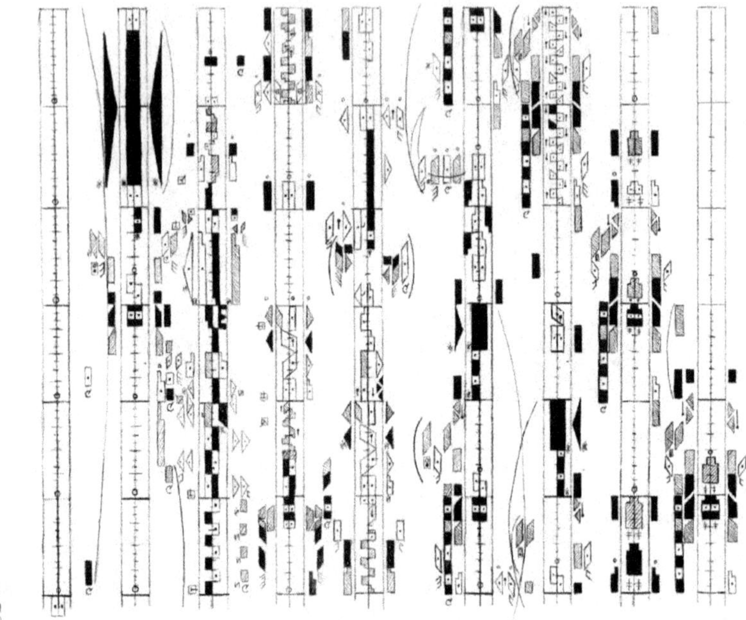

▲ Notaciones de danza.

Colectivo

"La notación presume un contexto social, y comparte convenciones de interpretación. La partitura no es un trabajo en sí mismo, sino una serie de instrucciones para la realización de un trabajo. [...] No puede ser un lenguaje privado. Trabaja instrumentalmente para coordinar las acciones de múltiples ejecutores que colectivamente producen el trabajo como un evento."

Lo colectivo implica una transformación sobre el funcionamiento de la arquitectura en su acción poiética, lo que cabe destacar aquí es esa noción de que existen múltiples actores sobre la obra arquitectónica, y que la convención de esos diagramas o notaciones es una interacción comunicativa entre diferentes partes.

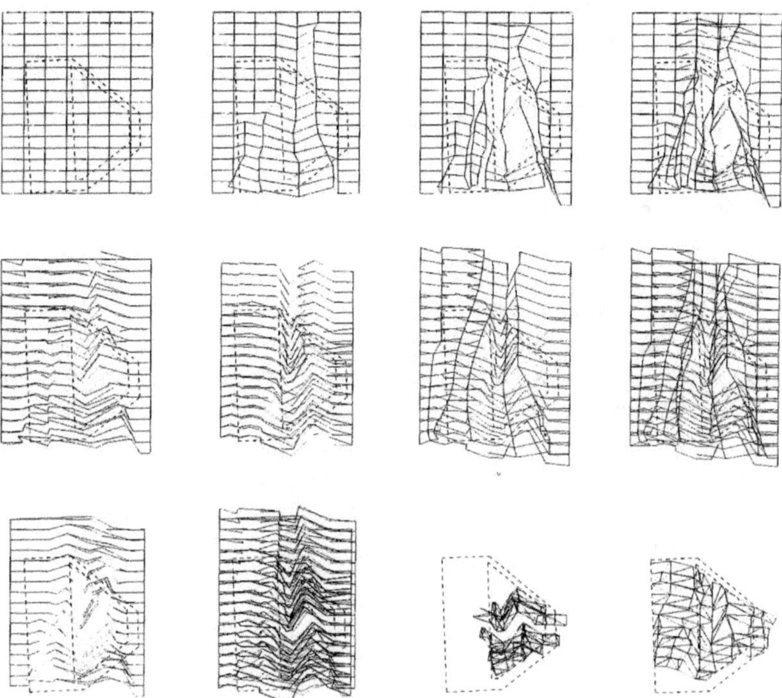

▲ Peter Eisenman, Iglesia del Siglo XXI.

Diagramas digitales

"Una máquina abstracta en sí misma no es física o corpórea, más de lo que es semiótica; es diagramática… opera por materia, no por sustancia; por función, no por forma… *Las máquinas abstractas o diagramáticas no funcionan para representar, incluso algo real, sino que construyen un real que está por venir, un nuevo tipo de realidad.*"

Cuando abordamos diagramáticamente las problemáticas de la arquitectura comenzamos a entender esos procesos y fuerzas internas que regulan el hacer proyectual, de esta manera no solo abordamos problemas, sino que comprendemos algunas de las decisiones empíricas que realizamos a diario. El pensamiento diagramático digital es una puerta para el entendimiento, no solo disciplinar, sino también de la concepción de los fenómenos estéticos del arte.

Utilitas Open Source

El lector imagino que aún se están preguntando porque el título, pero es más bien a modo de conclusión lo que vienen a hacer los diagramas o más bien las abstracciones de los procesos. Ahora podemos abrir ese código para que sea accesible y posible de modificar. La arquitectura ya no es más una disciplina cerrada a algunos pocos genios con talento sino a unos muchos con posibilidades de leer ese código. Por lo tanto, ya podemos aprender esta disciplina, adquirirla, modificarla, crear nuestra propia lengua y compartirla on line o bien en nuestro pequeño ámbito académico. La arquitectura ahora ya es Open Source.

II.

GENEALOGÍAS

ODISEA DEL ESPACIO

Juan Pablo Negro

Durante los años en los que he estado trabajando junto a Jorge Sarquis, escuché numerosas veces sus reflexiones sobre el triángulo vitruviano y siempre me ha parecido que de los tres componentes que lo conforman, *utilitas*, *venustas* y *firmitas*, es este último el que, al menos hoy, aparece subordinado a los otros dos. Son muchos los autores que plantean que ese desplazamiento de los aspectos tectónicos o constructivos de la Arquitectura obedece a la importancia que el concepto de espacio ha tomado en nuestra disciplina.

En ese sentido, este ensayo intentará realizar una genealogía del concepto de espacio, a la vez que plantearemos algunas hipótesis que nos permitirán entender el porqué de este desplazamiento hacia lo espacial relativizando los aspectos materiales de la Arquitectura. Para ello, emprenderemos una suerte de *Odisea del Espacio*, parafraseando a la célebre película de 1968 de Stanley Kubrick. La misma aborda diversos temas, pero uno de ellos, que quizás sea el más relevante para nosotros, es la cuestión de la Técnica, un tema extensamente abordado por diversos autores, entre ellos Alberto Sato, que en uno de sus libros, *Los tiempos del espacio*,[1] desarrolla un punteo que nos permite comenzar a plantear el problema:

---

[1] Sato, Alberto. *Los tiempos del espacio*. Nobuko, 2010.

1. La Técnica es una destreza destinada a una finalidad práctica.
2. La Tecnología es una forma de conocimiento con finalidad práctica y es material, conformando un conjunto de acciones socialmente estructuradas.
3. La diferencia entre Técnica y Tecnología es epistemológica. La técnica establece procedimientos con la aplicación de conocimientos; la tecnología establece conocimientos con la aplicación de procedimientos.
4. Actualmente, muchas prácticas tecnológicas son ciencia aplicada o ingeniería.
5. El arte y la ciencia son distintos. Afirmar que el arte es la "ciencia de lo bello" es una simplificación operativa que no conduce a nada.
6. El proyecto arquitectónico no forma parte del sistema de las ciencias, porque ni teórica ni empíricamente establece leyes generales, no investiga según sus metodologías, ni establece relaciones recíprocas con la ciencia; pese a todo esto, crea conocimiento.
7. Entonces, la Tecnología, cuando experimenta y propone modelos habitables, es arquitectura y crea conocimiento.
8. La arquitectura, créase o no, se hace con materia, los edificios se hacen con materiales.
9. Así, se hipotetiza que el Proyecto arquitectónico es una forma de conocimiento y que su finalidad práctica no son indicaciones técnicas, sino que propone modelos físicos de habitar; por esta razón, es una tecnología.
10. La esencia de la tecnología es el arte, dice Martín Heidegger. Si se acepta esto, la arquitectura es arte en tanto que tecnología.
11. Que, desde la modernidad, se insiste en abandonar la realización de la arquitectura como tecnología. La categoría que lo facilitó es la noción de Espacio.

Del punteo anterior podemos extraer diversos conceptos relacionados como posicionamiento respecto a la Arquitectura: la noción de conocimiento, de finalidad, de material y de conjunto de acciones estructuradas socialmente. Ese es el concepto de tecnología (devenido de la epistemología), que divide los saberes –al menos los saberes legitimados por la misma– como ciencia y tecnología. Para la epistemología, la arquitectura sería entonces una tecnología, porque no tiene ni busca una verdad, sino que tiene una finalidad práctica y material.

Sato acota: "la diferencia entre técnica y tecnología, es epistemológica. La técnica establece procedimientos con la aplicación de conocimientos,

▲ Stanley Kubrick, *Odisea del espacio*.

y la tecnología establece conocimientos con la aplicación de procedimientos." Así podemos deducir que: la tecnología establece, genera y produce conocimientos. Por eso la arquitectura, al ser considerada una tecnología, también establece conocimientos.

Pero volvamos a la película citada; en una de las escenas, un primate, a través de la simple acción de tomar un fémur de un esqueleto animal para golpear la osamenta descubre que está multiplicando el poder de golpe potenciándose por el brazo de palanca del proto-instrumento. Muchos autores, como José Ricardo Morales, sitúan la primera disociación del humano frente a la naturaleza, en el momento en el que toma conocimiento del dominio que puede ejercer sobre la misma (ejemplificado magistralmente en esta escena), mediante la fabricación de un instrumento (o como en este caso, del descubrimiento del mismo). Y es *esa fabricación del instrumento, que a posteriori va a ser un instrumento técnico*, lo que empezará a separarnos de la naturaleza. Así comienza el proceso de cosificación que hace el hombre sobre la naturaleza. Martin Heidegger también plantea este tema en" La pregunta por la Técnica": el de la dominación y cosificación de la naturaleza y, por ende, también la cosificación del hombre a partir de la técnica instrumental.

Continuando con el decálogo de Sato, y adentrándonos en lo disciplinar, también hace referencia al proyecto arquitectónico, el cual no forma

▲ Stanley Kubrick, *Odisea del espacio*.

parte del sistema de las ciencias; porque ni teórica ni empíricamente establece leyes generales. Para la epistemología, este es uno de los rasgos identitarios de la ciencia. La arquitectura no investiga según sus metodologías (las metodologías de la ciencia), ni establece relaciones recíprocas con la misma. Pese a todo esto, crea conocimiento.

Así se hipotetiza que el proyecto arquitectónico es una forma de conocimiento y que su finalidad práctica no son indicaciones técnicas, sino que propone modelos físicos de habitar y por esta razón es una tecnología.

Luego define la arquitectura valiéndose de una aseveración previa de Heidegger en la cual habla de la esencia de la tecnología, pero lo importante es que no se sitúa en ese debate de si nuestra disciplina es arte o ciencia, sino que se vale de este autor, y de este posicionamiento específico para afirmar que la arquitectura es tecnología.

Y finalmente el tema central de esta presentación. Afirma: "desde la modernidad se insiste en dejar la realización de la arquitectura como tecnología y la categoría que lo facilitó es la noción de espacio."

Como planteamos al principio de este escrito, nuestro objetivo es hacer una genealogía del espacio. Pero antes de entrar en las diferentes definiciones de espacio a lo largo de la historia, nos referiremos al concepto de genealogía, que es una noción que deviene de las lecturas de Foucault, y previamente de Nietzsche.

Michael Foucault es un autor que puso mucho énfasis en la noción de Espacio, y sobre todo en la noción de Poder. En muchos textos se refiere a la arquitectura, y al potencial que tiene esta en función de estas relaciones. Es tal la relevancia que Foucault le da al concepto de espacio que lo vincula directamente al concepto de poder.

En ese sentido afirma en uno de sus textos titulado "Los Espacios Otros":

"la única historia de los poderes, es una historia de los espacios a través de los cuales se muestra el poder. La arquitectura, el urbanismo, no constituyen un campo que se puedan aislar. Ellos se mezclan con múltiples prácticas y discursos. Pero el espacio es el lugar privilegiado de compresión de cómo opera el poder."

Es decir, no existe poder si no hay un espacio a través del cual se manifiesta.

En este párrafo podemos ver la carga que le impone a la arquitectura. En ese sentido, pensemos rápidamente en la historia de la arquitectura, sobre todo en los últimos doscientos o doscientos cincuenta años. A mediados del siglo XIX el urbanismo empieza a tener un sentido desde el Estado: pensemos en el plan para París de Haussmann o en las ciudades planificadas como Washington, La Plata, y más cerca en el tiempo, Brasilia o Chandigarh. Permanentemente encontraremos la asociación del urbanismo, el urbanista, el arquitecto, y un Estado, o un estadista: Haussmann y Napoleón III, Costa/Niemeyer y Kubitschek, o Le Corbusier y Nehru. Los primeros que comprendieron la importancia de la relación entre poder y espacio urbano, fueron los estadistas.

Pero antes de abordar el concepto de genealogía, es necesario conocer la noción de dispositivo. Foucault establece que un dispositivo es una red que no solo incluye a los discursos, las leyes y las normas, sino que también de instalaciones arquitectónicas. En el libro *Microfísica del Poder*, más precisamente en el texto que se denomina "Nietzsche, la genealogía y la historia", Foucault dice: "La genealogía es gris, es meticulosa y pacientemente documentalista. Trabaja sobre pergaminos embrollados, garabateados, muchas veces reescritos."

Aquí Foucault hace una apreciación muy importante, muy clara, y que está fuertemente ligada a la historia de la filosofía y particularmente de la epistemología francesa del siglo XX. Plantea que la historia no es un continuo, no es un proceso homogéneo, no es evolución, no es darwinismo, sino todo lo contrario: la historia es discontinua, hay procesos emergentes, acontecimientos. En tal sentido, agrega de manera casi poética:

> "... como si las palabras hubiesen guardado su sentido, los deseos su dirección, las ideas su lógica; como si este mundo de cosas dichas y queridas no hubiese conocido de invasiones, luchas, rapiñas, disfraces, trampas."

Y precisamente lo que veremos aquí es que la palabra espacio tuvo y tiene muchos sentidos, y que no se puede tomar de manera unívoca. Seguramente cuando en las clases de diseño de la facultad hablan del espacio, o de la espacialidad, se interpreta que hablamos de lo mismo, y en realidad creo que si le preguntamos a cada una de las personas presentes en una clase qué interpreta de la palabra espacio, dirán cosas distintas.

Gaston Bachelard planteaba que uno de los bloqueos epistemológicos y que también está presente en la pedagogía, es el lenguaje. Cuando uno habla de espacio, y todos entendemos que estamos hablando de espacio, todos sabemos a qué nos referimos con la palabra espacio, en verdad lo que estamos generando es un bloqueo. Es la cristalización de un concepto y lo estamos dando por sabido cuando en realidad es un concepto polisémico, abierto a interpretaciones, a cambios. Y también a intereses, que es lo que plantea Foucault cuando relaciona poder y espacio.

Siguiendo con la noción de genealogía, de aquí se deriva para la misma es una tarea indispensable: percibir la singularidad de los sucesos. Detrás de esa visión universalista de la historia hay un interés; porque sabemos que si algo es universal es porque existe algún interés en instituir una manera de ser y aparecer las cosas en detrimento de otras formas.

Para Foucault los conceptos siempre nacen en el barro, nacen de disputas, emergen en función de intereses, se transforman en hegemónicos porque hay una razón espuria atrás para que así sea, hay una disputa de poder. Nada nace puro, ni está en el mundo de las ideas, sino que está en el barro, en la sustancia, en ese sentido más aristotélico.

Y sobre el tema del origen agrega:

> "La genealogía no se opone a la historia como la visión de águila y profunda del filósofo en relación a la mirada escrutadora del sabio. Se opone, por el contrario, al despliegue metahistórico de las significaciones ideales y de los indefinidos teleológicos. Se opone a la búsqueda del origen."

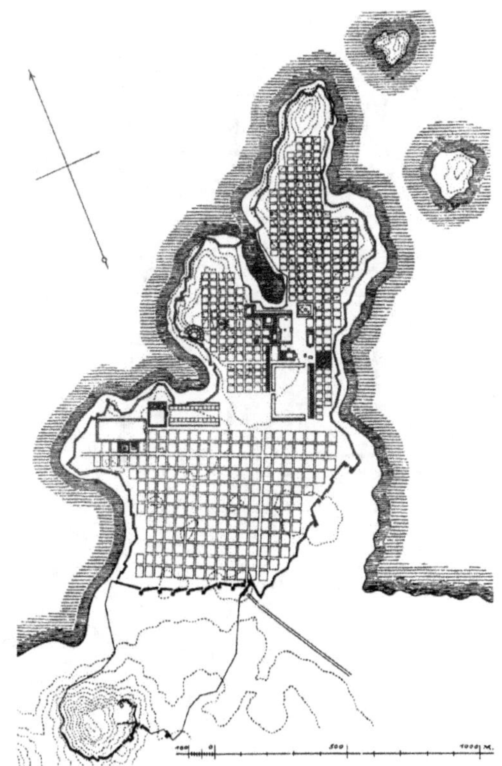

◄ Ciudad de Mileto.

Lo que haremos no es buscar el origen de la palabra espacio, sino por qué en cada momento y en cada contexto, en cada lugar, esa palabra adquiere diferentes significaciones.

Lo que podríamos llamar "carrera espacial", arranca con la noción de espacio geométrico desarrollada en el siglo III a.C. en Grecia por Euclides, quien es el primero en plantear la noción de un espacio que luego llevará su nombre. Hablamos de un espacio geometrizado, que posibilitará el dominio de la naturaleza; *geo* es tierra y *metrein* es medir. Y significa eso: medir, tomar; el primer paso para tomar dominio de algo es conocerlo. Y conocerlo según parámetros objetivos, que en ese caso serían el medir, mensurar.

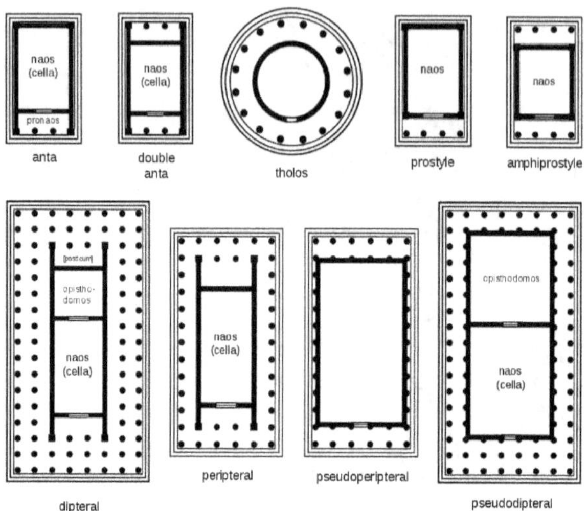

▲ Arquitectura griega.

Es muy claro cómo la cosmovisión griega del mundo está basada en ese primer concepto que es el espacio geométrico, el espacio ortogonal, medible, que establece proporciones, relaciones entre las partes y de las partes con el todo; esto llega a nuestros días, el espacio geométrico permanece, se enseña, pero responde a una primera cosmovisión heredada en gran medida de la visión greco-romana del mundo. Es en este momento cuando se instala la primera noción de espacio. Pero no es un espacio asociado todavía a lo arquitectónico, o al urbanismo como muchas veces es planteado. El espacio es espacio físico, espacio geográfico, espacio arquitectónico, aunque no existieran esas disciplinas como tales. Es una noción mucho más amplia, no está tomada por una disciplina.

Siendo un tanto reduccionistas, podríamos aseverar que esa concepción de espacio, no tuvo mayores cambios en occidente por casi dos mil años. Hasta entrado el Renacimiento, autores centrales para la historia de la arquitectura como Alberti siguen hablando en esos términos, espacio geométrico, con sus variaciones, pero conceptualmente sigue siendo

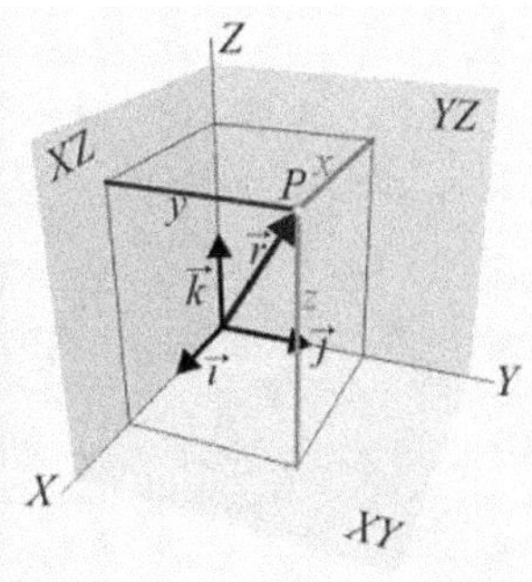

◀ René Descartes.

el mismo. León Alberti, en su *Re Aedificatoria* diferencia muy enfáticamente el diseño (geometría) de la construcción que podríamos ironizar que sigue siendo muy contemporánea:

La arquitectura en su conjunto se compone de diseño y construcción. En cuanto al diseño, todo su objeto y método consisten en hallar un modo exacto y satisfactorio para adaptar entre sí y conjuntar líneas y ángulos, con lo cual queda enteramente definido el aspecto del edificio. *La función del diseño es, pues, la de asignar a los edificios y a sus partes una posición apropiada, una proporción exacta, una disposición conveniente y una ordenación agradable*, de modo que toda la forma y figura de la construcción repose completamente en el mismo diseño. *El diseño no contiene en sí nada que dependa del material*; más bien es de tal modo que podemos reconocer un mismo diseño en variados edificios, en aquellos en los que se manifiesta una sola e idéntica forma, es decir, en aquellos cuyas partes, la colocación y ordenación de cada una de ellas, corresponden exactamente entre sí en la totalidad de los ángulos y de las líneas. *Se podrán proyectar mentalmente estas formas en su integridad prescindiendo completamente del material*: se conseguirá dibujando y definiendo ángulos y líneas exactamente orientadas y conectadas. Por todo ello, el diseño será pues un trazado concreto y uniforme, concebido por la mente, realizado mediante líneas y ángulos y llevado a conclusión por alguien ingenioso y culto (...).

Unos años después de Alberti, en el siglo XVIII, René Descartes, autor del Método, genera una transformación, y crea a partir de esa visión

▲ Palacio Carignano de Guarini.

euclidiana del espacio geométrico, un sistema de coordenadas para todavía tener más dominio de ese espacio geométrico, que no es otro que el sistema de coordenadas que seguimos usando actualmente en cualquier sistema de representación arquitectónica, analógico o digital.

Esta versión 2.0 del espacio geométrico es el espacio cartesiano, donde ya existe un sistema de coordenadas, se le da más precisión, se establecen sistemas de representación, pero sigue siendo una cosmovisión del mundo ligada a lo científico, a la razón y al orden.

Para situarnos rápidamente, estamos en el 1600 e intentaremos bajar un poco a lo concreto y lo material. En ese momento histórico, para algunos autores la disociación planteada por Alberti entre el diseño del espacio geométrico y la materia no era tan marcada, al menos el concepto del espacio disociado de la materialidad no estaba tan marcado como hoy.

Analicemos brevemente estas tres obras: la primera, el Palacio del Capitano en Vicenza de Palladio, a continuación, la Basílica di Sant'Andrea delle Fratte que es parcialmente de Borromini y, por último, el Palacio Carignano de Guarini. 1560 a 1660; Manierismo y Barroco.

Para los textos analíticos de obras históricas como estas, Palladio es descripto como un tratadista, como el que estableció un sistema de reglas de composición de espacios y de elementos. El extenso y rico desarrollo de sistemas y técnicas constructivas que tambíen aparece en sus tratados queda relativizado ya que si bien es sabido que Palladio era muy obsesivo de la construcción de sus edificios al punto de visitar las canteras con el fin de seleccionar los granitos y los mármoles para construir y hasta desarrolló nuevos sistemas constructivos en base a su diseño de diferentes tipos de ladrillos, estos datos aparecen minimizados frente al Palladio como artífice de sistemas de reglas y proporciones para componer espacios arquitectónicos.

En el Palacio del Capitano, podemos apreciar que la columnata está compuesta por ladrillos de base triangular, fabricados expresamente para esa obra. Como recién mencionamos, desarrolló el sistema constructivo, la tectónica, además de componer con esa forma y esos elementos que supuestamente estaban predeterminados por el catálogo clásico, pero por sobre los cuales pudo innovar.

De similar manera actúa Borromini, en la iglesia ya mencionada, donde gran parte de la misma está construida con ladrillo a la vista. El formidable ensayo tectónico no sólo reproduce las formas que hasta ese momento se lograban mediante el estucado barroco, sino que también incorpora las texturas y las diferentes trabas del material para amplificar el efecto buscado.

Pocos años después, Guarino Guarini ensayaría una resolución tectónica similar en el Palacio Carignano en Turín. Sin embargo, la mayoría de los libros con los cuales aprendimos historia de la arquitectura no se detuvieron en este punto. Cuando uno piensa en Barroco piensa en formas. Piensa en espacios, piensa en el poder comunicacional de esa forma, en el ornato… Pero no piensa en cómo fue construido, en las innovaciones técnicas o tecnológicas de estos procesos. Hasta podemos remontarnos un poco más atrás y hablar de Brunelleschi, quien más allá de ser según muchos autores, el primer proyectista, fue un genio constructor; pensó, diseñó las maquinas, los andamios, para construir la bóveda de Santa María di Fiori. Eso es proyecto.

En estos casos, la técnica aparece desde el comienzo, no como algo añadido al proyecto o a la arquitectura, el proceso de proyecto está ligado íntimamente a la técnica constructiva, la tectónica.

▲ Georges Méliès, *Le voyage dans la Lune*, 1902.

Y en filosofía esta noción de espacio cartesiano devenido del espacio geométrico, también empieza a tener diferentes y divergentes concepciones.

Ya pasados unos años desde que Descartes escribiera *El método* y con el barroco expandido por Europa, surgen dos miradas antagónicas sobre el concepto de espacio encarnadas en Isaac Newton, Gottfried Leibniz. Dos filósofos y matemáticos. Hombres universales que tiene una puja muy fuerte, y definen dos tipos de espacio absolutamente contrapuestos.

Newton define al espacio absoluto como espacio estático homogéneo y físico. Leibniz conceptualiza al espacio relacional como un espacio que se establece a partir de la relación entre puntos, entre componentes, donde lo que importa es la relación y no tanto la homogeneidad o ese espacio físico concreto sino la relaciones. Un espacio más dinámico en algún punto, el otro un espacio estático.

Y esto es importante porque quizás, muchos años después, empieza a tener un peso importante en la arquitectura; es claro que hasta aquí, seguimos pensando en la noción de espacio en términos amplios: espacio absoluto, espacio abstracto, espacio relacional, espacio concreto; sigue siendo del ámbito de la física, de la matemática. O al menos no está tan circunscripto.

▲ Sant'Elia, Citta Nuova, 1914.

Y llega un punto, siglo XIX, donde Hegel en su libro *Estética*, relaciona directamente la noción de espacio con la arquitectura, y define a esta ultima de la siguiente manera: "La arquitectura es el arte del imitar un espacio interior."

De esta manera Hegel define el espacio arquitectónico. Luego de 2500 años de historia se unen el concepto de espacio con el concepto de arquitectura. Situándose un poco más en contexto, ya estamos cerca de fines del siglo XIX; afloran las corrientes pictóricas del impresionismo, post impresionismo, Van Gogh. A partir de este primer concepto de Hegel, empieza a haber una corriente de críticos del arte, sobre todo en Alemania que luego fueron denominados "visualistas". Son Wölfflin, Riegel, Fiedler quienes establecen esta primera relación entre la arquitectura, el espacio interior y lo visual. Cabe destacar que Giedion y Wittkower, dos célebres historiadores de arquitectura aún presentes en las bibliografías de las cátedras de historia, fueron discípulos de Wölfflin. Estos dos autores fueron artífices de la expansión del concepto de espacio en arquitectura, en detrimento de la materialidad.

A fines del siglo XIX, principios del XX, los avances tecnológicos permiten que ese espacio, que hasta ese momento seguía siendo estático, empieza a tener una dinámica, particularmente con la llegada del cine.

▲ Le Corbusier, Marsella.

El concepto de espacio que está asociado a esta nueva cosmovisión donde el espacio está en movimiento es el espacio relativo: tiempo y espacio. Así llegamos a los inicios del siglo XX con Albert Einstein y su teoría de la relatividad.

Esta nueva concepción ha tenido notable influencia en la arquitectura y en las vanguardias, particularmente en corrientes como el futurismo italiano o el constructivismo ruso, donde el a partir del progreso de la técnica, la noción de espacio dinámico y relativo se llevan al extremo generando una nueva arquitectura en función de esas nuevas leyes de la física. Como ejemplo, la célebre Città Nuova de Sant'Elia.

Y así llegamos a Le Corbusier y a la máquina de habitar. El automóvil como elemento inevitablemente asociado a la vivienda, casi como continuidad de la vivienda.

Si bien la arquitectura permanece estática, firme, se mantiene inmóvil; es el espacio el que empieza a ser dinámico y enfatizado, no solamente por las líneas, sino por los elementos que aparecen complementaria-

▲ Mies Van Der Rohe, Pabellón de Alemania en Barcelona.

mente. Más aún en la ciudad donde la técnica habilita la posibilidad de desplazarse velozmente generando otro tipo de ciudad.

Y así nace el espacio fluido arquitectónico; ya era espacio arquitectónico y, en esta instancia, fluido. Mies fue uno de los primeros en hablar expresamente del espacio fluido pero esta noción de espacio está absolutamente asociada a la arquitectura, pero no solamente por los arquitectos. En verdad los arquitectos devienen y producen sus arquitecturas con mayor o menor teoría atrás, pero la noción de espacio fluido no la construye Mies, sino los críticos de arquitectura, los historiadores. Hay toda una corriente de historiadores de la arquitectura, que fueron los que forjaron estos conceptos. Historiadores alemanes, italianos, franceses y algunos estadounidenses. Y esta concepción del espacio arquitectónico fluido, llega hasta hoy debido a autores que se siguen leyendo aun hoy en las cátedras de historia de la arquitectura, como Giedion, Benévolo, etc.

Pero volvamos por un momento a Foucault que nos dice respecto a la relación entre espacio y poder:

"¿cuál es en efecto el sueño rousseauniano que ha animado a tantos revolucionarios? El de una sociedad completamente transparente, legible en todas y cada una de sus partes, que no existan zonas oscuras, zonas ordenadas por los privilegios del poder Real. Bentham es todo lo contrario, plantea el problema de la visibilidad, pero de una visibilidad totalmente organizada alrededor de una mirada ordenadora y vigilante."

Se asociaba la transparencia de este espacio fluido, a cierta concepción del mundo ligada a la no existencia de zonas oscuras, zonas ordenadas por los privilegios del poder real. Es un espacio pensado como un espacio democrático, un espacio de igualdad. Pero Foucault hace esa salvedad. Si bien es un texto posterior, esto se ve más enfáticamente en muchas películas de la década del '50, como lo ilustra muy bien Jacques Tati, en las películas *Mon Oncle* o *Play Time*. Esta visión del mundo a partir del progreso de la técnica, esta arquitectura transparente, de pretensiones de democracia y de bienestar en realidad lo que esconde es esta visión casi controladora, dominadora y de vigilancia de la biopolítica; dicho en términos de Foucault, de control de la sociedad a partir de la transparencia, de una visualidad que establece normas de control.

Hemos llegado a 1959, año del último CIAM y de la consolidación del Team X como nuevos referentes de la arquitectura y el urbanismo. Este grupo propone una serie de cambios y críticas a la arquitectura moderna, y unos de los temas es, precisamente, el del espacio. Manifiestan que ese espacio absoluto, prístino, transparente, en realidad lo que hace es ocultar muchas otras cuestiones que están subyacentes en la sociedad y, de hecho, también en la arquitectura, y proponen una especie de reforma.

Varios de los arquitectos que conformaron ese grupo, los Smithson, Bakema, Van Eyck, Candilis, plantean una arquitectura más ligada al lugar, al sitio, a la cultura local. Y este es el momento en que aparece la noción de "lugar". Hasta ahora hablábamos solo de espacio.

Pero no solo emerge el lugar como concepto, también empieza a cobrar mucha más relevancia el sujeto; los sujetos en la arquitectura. Más allá que después esas arquitecturas no llegaron a manifestar tales ideales (de hecho, muchos conjuntos que se hicieron bajo este paradigma –conjuntos de vivienda– hoy están muy lejanos a esa noción de sujeto) estos arquitectos plantearon un cambio, el cual estaba asociado a un pensamiento filosófico. En Francia, surge a partir de Bachelard, autor ya mencionado anteriormente, la noción de espacio fenomenológico. El espacio donde acontecen los fenómenos. Bachelard es el primero en hablar de este concepto, de la fenomenología del espacio, pero también hay muchos otros que incluso piensan muy diferente en muchos aspectos, pero que podríamos agrupar.

Desde diferentes aproximaciones, la filosofía sentó las bases para la existencia de esta nueva concepción. Merleau-Ponty es uno de los que introducen esta temática en su célebre *Fenomenología de la percepción*. Por otra parte, Adorno y Horkheimer desde la Escuela de Frankfurt, Martin Heidegger y Sartre, todos ellos con pensamientos diferentes, también introdujeron sus concepciones con algunas convergencias. Estos autores y casi todas las corrientes filosóficas de mediados del siglo XX dicen: acá hay un cambio. La metafísica, así como estaba planteada nos llevó a la destrucción del hombre, a la bomba atómica, al Holocausto; ese progreso, esa visión del progreso infinito del hombre a través de la técnica, queda trunca. Y esta temática la toma el Team X y la traduce en arquitectura, en lugares cargados de significaciones, de imaginarios ligados a una cultura. El espacio ya no es un espacio abstracto y homogéneo, es un espacio concreto, heterogéneo y significado.

Llegamos a fines de los '60 marcando el fin de una era: pasaba el mayo francés, los Beatles, cruzaban Abbey Road y el hombre llegaba a la Luna. Los EEUU ganaban la carrera espacial...

Y es durante esos turbulentos pero muy creativos años que Henri Lefebvre y luego José Ricardo Morales escriben dos libros que básicamente critican la noción de espacio arquitectónico abstracto.

El filósofo español José Ricardo Morales sentencia: "el espacio no puede constituir la esencia de la arquitectura, puesto que es solo es un atributo más que esta". Lo que hasta ese momento había creado tanta relevancia, no solamente no es la esencia de la arquitectura, sino que es solamente un atributo más. Influenciados por el existencialismo definen la noción de lugar como espacio existencial.

Y otra cita de Morales, en su libro *La Concepción Espacial de la Arquitectura*, dice:

"la arquitectura no modela el espacio. Así fuera materia dócil. Entre otras razones, porque el espacio no es una entidad real y perceptible, sino una abstracción que puede efectuarse desde campos muy distintos al pensamiento y a partir de incontables supuestos. [Acá ya abre mucho más el panorama...] por lo tanto no se configura el espacio, sino lo espacial, lo extenso."

Que es algo muy diferente. Dice, no se configura el espacio arquitectónico… sino que se configura lo espacial, se delimita. Pero no significa que se carga de significado… Y en paralelo Lefebvre dice en su libro:

"La producción del espacio, siguiendo la tendencia de la filosofía, el arte, la literatura, sea como un todo hacia abstracción, hacia la visualización, y la conformación de formas espaciales, la arquitectura lucho en nombre de la inmaterialidad".

Ya más recientemente, el geógrafo Edward Soja plantea a partir de estos conceptos delegados de Lefebvre, la trialéctica del espacio. Ya no es una dialéctica, sino una trialéctica.

Establece que la espacialidad tiene tres aspectos: el espacio físico, lo sensible, lo percibido, la presencia, más asociada a lo fenomenológico. Lo mental, o sea, el espacio abstracto, lo concebido, las representaciones. Y el espacio social, de relaciones, de lo vivido, de la experiencia. Podríamos considerar a esta concepción como la versión más contemporánea y más aceptada de la noción de espacio extra-muros de la arquitectura.

Y ahora sí, ya entrando totalmente en la arquitectura, hay muchos arquitectos que rescatan esta noción de lugar asociada a lo material, a la tectónica. Desde hace tiempo, particularmente desde regiones del planeta que no gozan de los privilegios de la "centralidad", se defiende esta postura. Pero podemos aseverar que desde hace algunos años ya no es solamente una visión marginal, desde la periferia, sino que está también en los centros, si es que aún podemos seguir hablando en esos términos de centro y periferia. De hecho, cuando uno analiza los últimos Pritzker, se comienza a notar mayor valorización de esas arquitecturas emergentes, un poco excéntricas como las denomina Jorge Mele, que a esta altura ya no son tan emergentes ni tampoco son tan excéntricas. Podemos situar también a Glenn Murcutt, Wang Shu, Shigeru Ban o a otros autores contemporáneos, donde se vislumbra un desplazamiento: donde el espacio, la forma, ya no es lo relevante, sino que es un atributo más, como planteaba José Ricardo Morales. Peter Zumthor es uno de los representantes más importantes de esta corriente y nos dice respecto al tema que nos convoca: "la fuerza de un buen proyecto reside en nosotros mismos y en nuestra capacidad de percibir al mundo con sentimiento y razón. Un buen proyecto arquitectónico es sensorial, un buen proyecto arquitectónico es racional". De esta manera da por cerrada la discusión sobre si lo racional y lo sensorial en arquitectura son términos antagónicos.

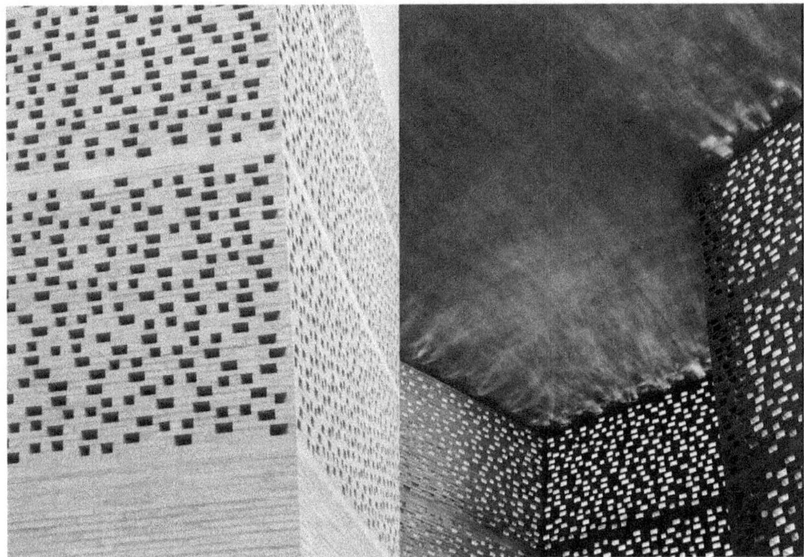

▲ Peter Zumthor, Museo Kolumba, Colonia. Foto: José Fernando Vásquez.

Zumthor agrega:

"Pavimento de listones de madera como ligeras membranas pesadas, masas pétreas, telas suaves, granito pulido, cuero delicado, acero rudo, caoba bruñida, vidrio cristalino, asfalto blando recalentado por el sol. He aquí los materiales del arquitecto. Nuestros materiales. Los conocemos a todos ellos y, sin embargo, no los conocemos. Para proyectar, para inventar arquitectura, debemos aprender a tratarlos de una forma concedente. Eso es un trabajo de investigación. Eso es un trabajo de rememoración. La arquitectura es siempre una materia concreta, no es abstracta, sino concreta. Un proyecto sobre el papel, no es arquitectura, sino únicamente una representación más o menos defectuosa de lo que es la arquitectura, comparable con las notas musicales. La música precisa de su ejecución. La arquitectura necesita ser ejecutada. Luego surge su cuerpo, que siempre es algo sensorial".

Juhani Pallasmaa, arquitecto finlandés, además de haber proyectado excelentes obras, escribe textos muy interesantes. En su libro *La arquitectura y los sentidos*, plantea criticando a la tendencia ocular centrista de nuestra sociedad en general y la arquitectura en particular: "muchos aspectos de la patología de la arquitectura, la arquitectura corriente actual, pueden entenderse mediante el análisis de la epistemología de los sentidos", y agrega: "El proyecto moderno ha albergado al intelecto y al ojo, pero ha dejado sin hogar al cuerpo y al resto de los sentidos. Así como a nuestros recuerdos, nuestros sueños y nuestra imaginación".

Este ensayo pretende plantear un abordaje introductorio a esta temática que resulta central para la comprensión de la arquitectura contemporánea. La asociación entre, por un lado, espacio, intelecto y metafísica, y por el otro, materia, cuerpo y anti-metafísica, probablemente puedan brindarnos nuevos indicios para profundizar el análisis. De esta manera llegamos al final inconcluso de la *Odisea del espacio*.

TÉCNICA Y ARQUITECTURA

Roberto C. Medina

En esta clase dedicada a la *firmitas*, yo soy el encargado de ofrecerles esta breve charla sobre la relación entre la Filosofía de la Técnica y la Arquitectura.

Para esto, me pareció apropiado comenzar con un relato, que en este caso es "el mito de Prometeo"; como ustedes sabrán, Zeus, ya habiendo creado los distintos tipos de vida en la tierra (seres de arcilla, barro, agua, paja y todo lo que pudiera ser mezclado) encarga al titán Prometeo que asigne cualidades físicas que permitan a estas criaturas sobrevivir, tanto al acecho de unas para con otras como a las inclemencias del tiempo; pero Prometeo, que literalmente significa: "mirar hacia adelante" tenía un hermano, Epimeteo ("mirar hacia atrás") quien al enterarse del encargo que Zeus había hecho a su hermano, le pide a este último que le permita llevar a cabo esa tarea, luego Prometeo podría verificar el trabajo hecho. Leemos:

"... Cuando les hubo provisto de recursos de huida contra sus mutuas destrucciones, preparó una protección contra las estaciones del año, revistiéndolos con espeso cabello y densas pieles, capaces de soportar el invierno y capaces, también, de resistir los ardores del sol... Y los calzó a unos con garras y revistió a los otros con pieles duras y sin sangre... Pero, como no era del todo sabio Epimeteo, no se dio cuenta de que había gastado las capacidades en los animales; entonces todavía le quedaba sin dotar la especie humana, y no sabía qué hacer..."

En la imagen (*Prometeo lleva el fuego a los hombres*) una pintura de Heinrich Friedrich Fuger, de 1817, se puede ver al titán que, acabando de robar el fuego de la fragua de Hefesto, se lo entrega a la humanidad, representada en ese hombre a oscuras, carente hasta ese momento no solo de recursos físicos, sino también de conocimiento.

Seguimos leyendo:

"... Ante la imposibilidad de encontrar un medio de salvación para el hombre, Prometeo roba a Hefesto y a Atenea la sabiduría de las artes junto con el fuego (ya que sin el fuego era imposible que aquella fuese adquirida por nadie o resultase útil) y se lo ofrece, así como regalo al hombre..."

Esta imagen pertenece a Diego Velázquez, es de 1630 y se llama *La fragua de Vulcano*; si bien no representa el momento del robo del fuego por parte de Prometeo, sí podemos darnos cuenta del entorno inmediato, algo así como conocer la escena del crimen (claro que representado a la actualidad del 1600). En el cuadro podemos ver que esta fragua es en realidad el taller de un artesano, es más, como vemos en el detalle, en el lugar se esparcen varias herramientas utilizadas allí: masas, martillos, cinceles... pero también se puede ver el resultado generado con estas herramientas: escudos, espadas, pecheras... recodemos que Vulcano –al igual que Hefesto, su par griego– no eran solamente los dioses del fuego en sus respectivas mitologías, sino que eran dadores de civilidad; mediante la producción de armas para la guerra, aseguraban la expansión y la continuidad de sus culturas.

Continuando con el arte, aunque en este caso contemporáneo, vemos unos dibujos del artista Javier Bernasconi en donde nos muestra que, aquellas herramientas de las que hablamos, son parte de nuestra fisiología, ayudándonos a potenciar el poder que la falta de fuerza física vuelve casi inútil frente a otros seres. Este estudio de una mano que, en su movimiento, nos muestra el efecto de pinza que existe entre el dedo pulgar e índice (en el dibujo están enfatizados algunos huesos, pero sobre todo los músculos), antecesora directa de la llave inglesa que se ve abajo en la escultura.

Hecha esta introducción, pasamos directamente a la filosofía de la Técnica, comenzando por Aristóteles; el mismo plantea la misma dentro de una escala ascendente en el proceso cognitivo: comenzando por la sensación, la memoria y la experiencia. Le sigue el concepto universal y finalmente el arte (*tejne*) solo superado por la ciencia; ¿cuál es el objetivo del arte? La acción y la producción y si bien deriva directamente de la experiencia, se distingue de la misma en que ésta conoce el hecho, pero ignora la causa y el porqué; en cambio el arte conoce no solo el hecho o la cosa, sino también la causa y el porqué.

Y es Aristóteles quien, al plantear los modos que la verdad tiene de llegar a la razón, devela sus fines; en primer lugar, la *Theorìa*, quien a través del entendimiento (*epìsteme*), la inteligencia (*nous*) y la sabiduría (*sophìa*), tiene como único objetivo el conocimiento de la verdad; por otro lado, la *Praxis*, a través de la prudencia

Pronesis tiene como fin la acción en sí misma y finalmente la Poiesis que mediante el arte del saber hacer, mediante la técnica (*tejne*) persigue la producción de objetos físicos perdurables en el tiempo.

Ahora, dando un salto enorme en el tiempo, pasamos de Grecia a estos pensadores contemporáneos (Martin Heidegger, Hannah Arendt y Richard Sennett) que, más allá de sus reflexiones sobre la Técnica, nos importan por los vínculos de maestro y discípulo que cada uno ha tenido con su antecesor y como han cuestionado la teoría de su mentor; si para Heidegger la Técnica era un saber que debe ser adquirido por la práctica y la experiencia, para Arendt (y luego de las bombas de Hiroshima y Nagasaki y de los campos de exterminio) cuando producimos somos amorales y no comprendemos lo que hacemos, solo la política –que se ubica por encima del producir físico– puede guiar los pasos del hacer humano; para Sennett, el error de este concepto radica en separar al *homo faber* del *animal laborans* (entendiendo a este último como bestia de carga incapaz de aprender o mejorar lo que hace); la pregunta que debemos hacernos es qué nos enseña el producir de nosotros mismos.

Ahora sí pasamos directamente a la arquitectura y para empezar lo hacemos con esta frase de Otl Aicher que resume nuestro pensamiento, o, mejor dicho, nuestro posicionamiento: "La verdadera Técnica es inteligencia materializada con el objetivo de hallar la mejor solución con un gasto mínimo".

A partir de aquí intentaremos mostrar los extremos en los que se mueve la Técnica dentro de la arquitectura contemporánea; y para empezar arrancamos con esta definición que Juan Herreros tiene de la misma:

"Nos referimos ahora, es obvio, a las técnicas de construcción, que encontrarán su pertinencia en el establecimiento de sistemas (de nuevo un conjunto de reglas para tomar decisiones con el que abolir el detalle constructivo como el fetiche más perverso del arquitecto nostálgico)

cuyo principal objetivo será la eliminación de lo superfluo a favor de la simplicidad, la inmediatez y la universalidad de las soluciones".

Herreros nos insta a producir arquitectura con el "catálogo industrial", en contra de una arquitectura que manifieste la complejidad de la realidad actual (me pregunto aquí si ese conocimiento otro, esencial y a la vez exuberante, acumulado por el tiempo y la experiencia en lo que él llama detalle constructivo perverso no es digno, no solo de mantener, sino de investigar) y de una universalidad que hace años está cuestionada.

En la obra de un pabellón de gimnasia en Valencia podemos ver cómo se puede innovar en la utilización de los materiales prefabricados, ubicándolos como conformadores de paisajes artificiales o eliminando sus características tectónicas mediante el uso del color, como en la imagen de abajo; en ambos casos el arquitecto no diseña el detalle, éste viene dado con el catálogo; simplemente opera mediante una seria de reglas que él mismo creó y que serán los límites para su creación, una simplicidad globalizada.

En el caso de Adamo-Faiden, la facilidad, la inmediatez y la economía de medios es claramente manifestada cuando tienen que realizar el pabellón industrial para la empresa hydro aluminium; seguramente influenciados por el rubro al que pertenecen estos clientes (fabricación de chapas y perfiles de aluminio) e incentivados por el mismo.

Pero existe otra forma de entender la relación entre Técnica y arquitectura; la obra de Francis Kèrè, un arquitecto de Burkina Faso; en una nota cuenta lo difícil que es para un país africano acceder a nuevas Técnicas constructivas, pero también agrega: "ese punto de partida desfavorable es suplido con creces por una gran capacidad de trabajo adquirida por la necesidad, pero también por el desarrollo de una idea basada en la fuerza de la colectividad". El armado de una cubierta con la utilización de unas vasijas típicas del lugar a las cuales se les quito el fondo para permitir las corrientes de aire ascendente que mantendrán ventilado el lugar.

En la India, Studio Mumbai también trabaja colectivamente con la presencia de artesanos expertos en el uso del bambú y la madera; si bien el arquitecto no diseña el detalle, sí es el encargado de seleccionar el más conveniente; para ello se trabaja con prototipos en escala 1:1 que son armados en el estudio, que en realidad se transforma en una especie de taller colectivo.

Y en nuestra región tenemos el trabajo muy conocido de Solano Benitez, de Paraguay, donde también encontramos el rescate de antiguos saberes y Técnicas en la utilización del ladrillo; pero no es una simple nostalgia romántica de un material (en realidad, la universalidad que pregonaba Herreros nunca llegó a estos países), sino que se transforma en una verdadera investigación sobre las posibilidades del ladrillo (como funciona utilizado a la tracción, por ejemplo).

Y esas investigaciones se desarrollan siempre en obra, junto a los artesanos, colectivamente, generando verdaderos artefactos, maquetas en escala real que verificarán (o no) las soluciones.

Para terminar, Smiljan Radic, nos dice:

"La elección de estos granitos en los cerros, su traslado y manipulación directa son parte de la historia del edificio. Es una historia que nos pertenece como ejecutantes directos y que nos permite, entre otras cosas, adquirir un saber hacer difícil de obtener de otra manera."

Es claro que hay un saber hacer, una Poiesis, una Técnica, que como dice Radic, solo se puede adquirir en el lugar y por lo visto en las últimas diapositivas, podemos pensar que cada lugar tiene la suya.

III.

LÍMITES

REPRESENTACIONES DIVERGENTES DEL USO EN ARQUITECTURA

Una constelación posible

Silvina Espósito

Este es un relato no-lineal, es una serie de ideas asociadas visualmente. Cada concepto asocia una cita bibliográfica a una imagen, y la relación entre cada uno de ellos se da tanto por afinidad visual como por continuidad conceptual. Cada imagen puede leerse por separado, y la anterior no necesariamente debe verse antes que la siguiente. El tema que convoca a este grupo de imágenes/citas es el resultado del cruce de al menos dos temas: La *utilitas*, tal como es definido el uso en la cátedra; y la "representación en arquitectura", en su costado más trans-disciplinar.

Recordemos que para el Centro Poiesis, *utilitas*, uno de los polos del sistema vitrubiano junto con *firmitas* y la *venustas*, ha sido actualizado con los registros constituyentes de realidades de Lacan: real, simbólico e imaginario. Así, "*Utilitas* refiere a los usos, actividades, destino y los términos asociados son: programa de acciones a desarrollarse en la obra, las formas de vida, formas de habitar, formas de hábitat, etc. (concentrándonos) en la acepción que mejor permita relevar las diferentes formas de vida".[1]

---

[1] Sarquis, Jorge. *Experiencias pedagógicas creativas*. Diseño, 2014, p. 213-215.

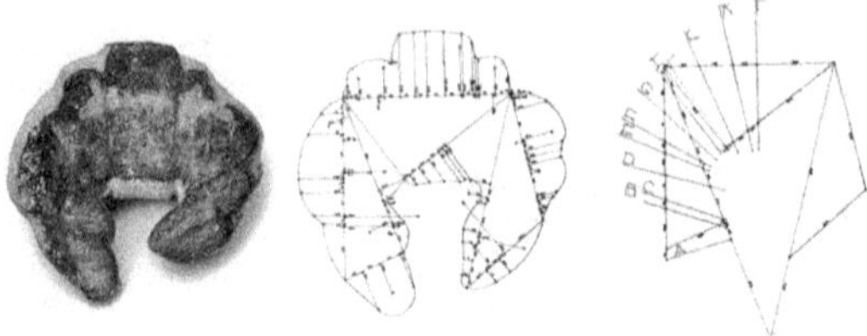

▲ Miralles, Enric y Prats, Eva. "Cómo acotar un croissant", *El Croquis* 49/50, España, 1991.

Por "representación en arquitectura" entenderemos todas aquellas piezas gráficas que son anteriores o posteriores al objeto arquitectónico: desde todo tipo de documentación técnica o artística que contribuye a la construcción del objeto; o bien aquellos relevamientos y análisis que dan cuenta de alguna condición particular del objeto, o intentan comunicarlo- transmitirlo, o analizarlo. Del latín *representatĭo*, representación es la acción y efecto de representar (hacer presente algo con figuras o palabras, referir, sustituir a alguien, ejecutar una obra en público). La representación, por lo tanto, puede tratarse de la idea o imagen que sustituye a la realidad. Diferentes prácticas artísticas han tenido que redefinir sus territorios, sus plataformas de actuación, al no ser ya válidas las clasificaciones que las situaban ni las instituciones o convenciones que las albergaban. La arquitectura no puede permanecer ajena a fenómenos que han sucedido en otros campos. Mediante nuevas técnicas de representación tratamos de leer problemas del habitar y utilizarlos para buscar innovación.

Citas bibliográficas, piezas gráficas, organigramas, obras de arte, mapas bélicos y también comidas ofrecerán un panorama múltiple de representación del uso en arquitectura.

"Una superficie se envuelve sobre sí misma, y aparece un interior que se forma al sobreponerse al exterior... Luego los extremos se cierran sobre sí mismos y forman la envoltura sobre la que se agrupan los pliegues. Reconoceremos esta forma en el interior de la bóveda bucal... (es un misterio parecido al del cuchillo que se rompe al introducirlo en un vaso de agua). Al medirlo, las cotas devuelven la transparencia a esta forma,

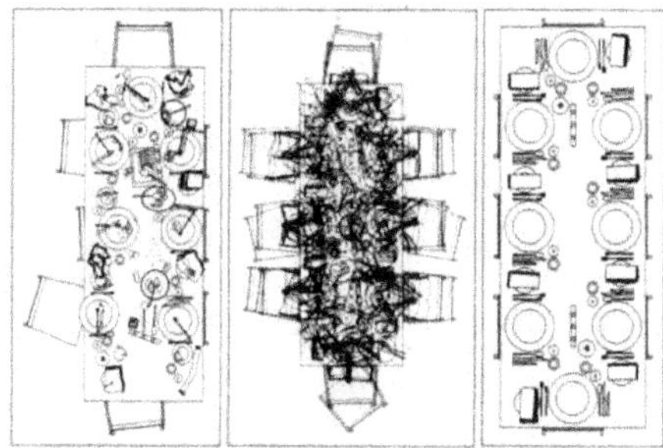

◀ Sarah Wigglesworth y Jeremy till,
Increasing Disorder in a Dining Table.

con todas sus cualidades negativas: incolora, inodora, y sin sabor. Y un croissant, la media luna en Argentina, es para ser comido."[2]

Este ejercicio de representación propone "transparentar" el objeto, para develar el misterio de su construcción, de cómo está hecho. Por otra parte, el relato del texto completa de alguna manera la experiencia sensorial ausente en los planos de arquitectura, aquellos elementos fundamentales de la arquitectura pero que la representación arquitectónica carece: texturas, olores, sonidos. Según Jacques Herzog "el olfato es una experiencia espacial, y de algún modo, de mayor intensidad que la vista".[3]

¡En un plano ocurre eso… la representación carece de transmisión de olores, sonidos, etc.! ¡Pero la arquitectura es una experiencia sensorial y espacial! Como no podemos representar los sentidos tratamos de trasmitirlos de otras maneras, como en el relato de Miralles.

Este dibujo de los arquitectos Sarah Wigglesworth y Jeremy Till, titulado "Desorden creciente en una mesa" (Increasing Disorder in a Dining Table), documenta el avance de una cena, desde una mesa perfectamente tendida al desastre de la vajilla sucia y servilletas hechas un bollo que deben enfrentar los anfitriones cuando el último invitado se va. Si bien hay muchos libros de "etiqueta" que informan meticulosamente la manera de

---

[2] Miralles, Enric y Prats, Eva. "Cómo acotar un croissant", en *El Croquis* 49/50, 1991.

[3] Kipnis, Jeffrey. "Una conversación con Jacques Herzog", en *El Croquis* 84. "Herzog & de Meuron 1993-1997", 1997, p 7.

preparar y disponer los objetos para una cena de gala, ninguno registra la "coreografía" que se produce cuando la cena está en acción.

Una evolución que se manifiesta en un doble sentido: en la aparición de las nuevas técnicas de representación y en la naturaleza misma del mapa pues, como apuntan M. Dodge y R. Kitchin en Rethinking maps. Progress in Human Geography, "los mapas nunca están completamente formados y acabados. Es más, son transitorios, efímeros. Son contingentes, relacionales y contexto-dependientes. Los mapas están siempre en un continuo estado de mapeo". Unas palabras que traen a la memoria aquellas nociones Deleuze y Guattari en *Rizoma*:

"El mapa es abierto, conectable en todas sus dimensiones, desmontable, alterable, susceptible de recibir constantemente modificaciones. Puede ser roto, alterado, adaptarse a distintos montajes, iniciado por un individuo, un grupo, una formación social. Puede dibujarse en una pared, concebirse como una obra de arte, construirse como una acción política o como una meditación". El mapa no sería una simple representación de lo real sino más bien un medio de acción, una herramienta táctica para pensar nuestra relación con el medio... [...]
Pero con todo un mapa ofrece la oportunidad también de anotar fallas, aciertos desde las que operar y encontrar soluciones. Un mapa nos permite hacer visible lo que nos gusta y nos disgusta, lo que ocurre, pero no nos damos cuenta, hacer visibles acontecimientos olvidados o cuáles son las formas del uso cotidiano de la ciudad. Un mapa revela relaciones que no son visibles a priori. Hacer el mapa es un ejercicio constante de mirar y remirar críticamente el entorno donde nos movemos a fin de establecer formas de acción posibles. Actuando quizás entonces como arquitectos."

Este mapa dibuja líneas de movimiento de tropas en el tiempo, incorporando la idea de momento. A diferencia de un plano, en el que sus componentes se representan estáticos, este tipo de mapas incorporan la idea de variabilidad de estados de aquello que es representado.

"En la labor propositiva del arquitecto entran en juego determinados contextos. Estos contextos se transforman continuamente de diferentes maneras, pero de su elaboración depende casi absolutamente el resultado final de un proyecto. El contexto social se forma con los gustos y las voluntades del cliente, el que será el futuro habitante de la casa. El

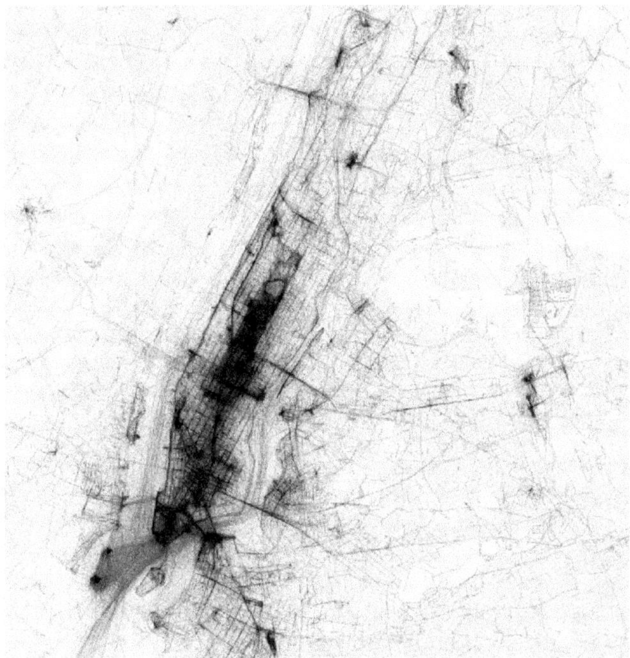

▲ Hernández Martínez, Pedro. Mapeos incompletos. Artículo en sitio web de la revista *Arquine*. 13 de mayo de 2014. (http://www.arquine.com/mapeos-incompletos/ accedida 21 de septiembre de 2015).

▼ Mapa bélico: Resumen de operaciones del primer frente bielorruso en el área de Berlín. Año 1945. http://www.armchairgeneral.com/rkkaww2/maps/1945W/1BF/Berlin/1BF_Berlin_Apr16_21_45.jpg – Accedido 21 de septiembre de 2015

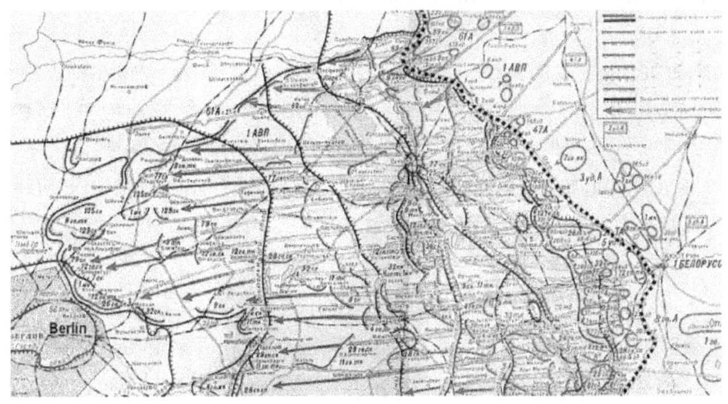

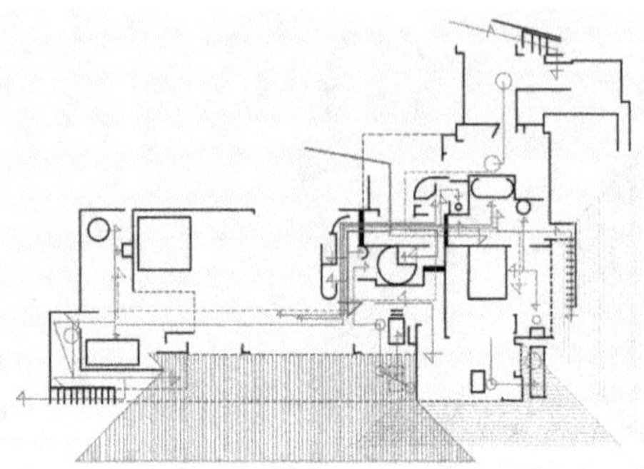

▲ Eileen Gray. E-1027, Planta del primer piso. http://www.skibbereeneagle.ie/uncatego-rized/restoration-of-eileen-grays-ground-breaking-villa-e-1027/ Accedida 21 de septiembre de 2015.

contexto legal, en la arquitectura, tiene forma de normativas, que delimitan o condicionan en determinadas maneras un diseño. El contexto material se presenta en forma de las técnicas y los procesos que definen una determinada industria constructiva más o menos local. El contexto físico del proyecto es toda una serie de condicionantes, entre reales e ideológicos, que definen las determinadas formas de acción en que se basa un proyecto."[4]

El contexto legal "invisible" también da forma a la ciudad. El uso impregna sus huellas sobre el territorio. Las sombras proyectadas hacen que los edificios tengan efectos cambiantes sobre el entorno.

"El esquema en planta de la E.1027 de Eileen Gray refleja el estudio de la trayectoria solar y de las diversas circulaciones interiores y exteriores de la casa. Entre ellas: el recorrido zigzagueante de la entrada, en trazo grueso; la circulación de servicio, en trazo discontinuo; el movimiento y el almacenamiento de muebles (sillas, mesas) en trazo fino."[5]

---

[4] Salazar, Jaime & Gausa, Manuel. *Housing + Singular Housing*. Actar, p. 18-19.
[5] Espegel, Carmen. *Heroínas del espacio*. Nobuko, 2007, p. 112.

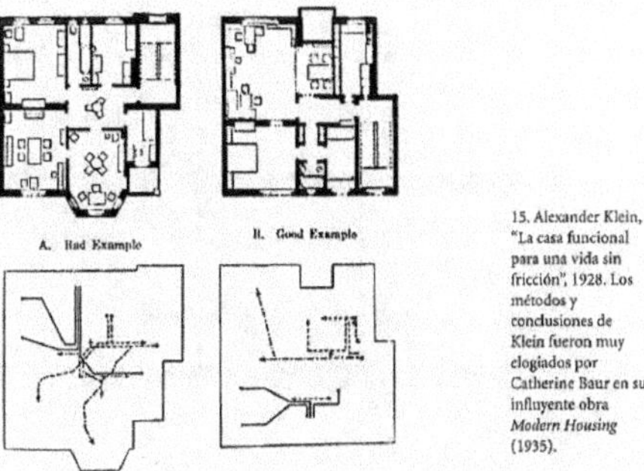

15. Alexander Klein, "La casa funcional para una vida sin fricción", 1928. Los métodos y conclusiones de Klein fueron muy elogiados por Catherine Baur en su influyente obra *Modern Housing* (1935).

▲ Alexander Klein. "La casa funcional para una vida sin fricción." Ponencia de 1928. Comparación del autor entre las plantas de dos viviendas: una tradicional y mal distribuida; y una moderna y bien distribuida (Publicado en Benévolo: 1977).

"Los colores usados en la representación no guardan relación con la realidad."[6]

Alexander Klein aborda a partir de 1926 una serie de estudios teóricos sobre lo que denomina "La casa funcional para una vida sin fricción". Para Klein los encuentros accidentales eran motivo de "fricción" en el habitar cotidiano, por lo que debían ser cuidadosamente evitados mediante un sistemático estudio de los desplazamientos. En 1928 publica Nuevos métodos de investigación sobre plantas de pequeñas viviendas, proponiendo un proceso de estudio en 3 pasos:

"1) Examen preliminar de la vivienda, 2) Reproducción de diferentes propuestas a idéntica escala y 3) Análisis gráfico de circulaciones, siendo este último aspecto el más importante y definitivo, según el propio Klein."[7]

---

[6]   Ibídem, p. 124.

[7]   Guridi, Rafael. "Trayectorias", en *Revista Circo* 164, 2010.

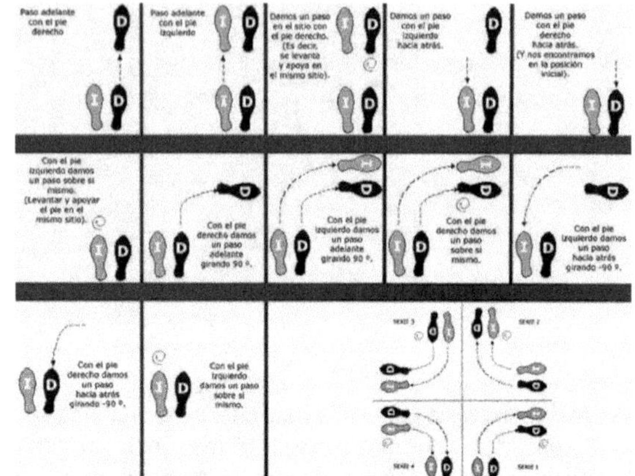

Instrucciones para ▶
bailar el vals.

"En completa oposición a la forma pura y aislada que muestra la superficie, el Obelisco, con sus bases giradas a 45° para que las atraviese la línea D del subte, no se posa directamente sobre la tierra sino sobre un tembladeral de conductos, pasajes, escaleras, estacionamientos y otras excavaciones."[8]

"La forma de bailar el vals es a través de un paso por cada tiempo de música, siendo este 3×4 (tres golpes suaves, y uno fuerte). En el compás del vals, el primer tiempo siempre es considerado como el tiempo fuerte (F), y los otros dos son débiles (d). Así, el patrón es "F, d, d". - 1, 2, 3. + 1, 2, 3. + 1, 2, 3..."

El heliodón es un instrumento que sirve para simular la trayectoria del sol en la bóveda celeste. La utilidad principal reside en el estudio del asoleamiento de un edificio o área urbana por medio de modelos o maquetas. Está compuesto de una lámpara móvil que recorre una estructura en forma de arco que simula el recorrido del sol desde su salida hasta su puesta, en todos los días del año, siendo de mayor importancia

[8] Sabugo, Mario. "El Obelisco de arriba abajo", en *Revista Summa+* n°91, 2007, p. 166.

los solsticios de verano e invierno y las variaciones en los equinoccios (primavera y otoño). En los equipos profesionales el recorrido puede representarse para las distintas latitudes.[9]

El grupo Archigram recibe en 1967 de parte de la revista Weekend Telegraph el encargo de "diseñar una casa para el año 1990". Anteriormente, las definiciones de función implicaban una ubicación fija y permanente. Provocativamente, ellos transforman estos conceptos estancos por "condiciones" (como si habláramos del ambiente, condiciones de temperatura, humedad, etc., que pueden ir cambiando). Así, los muros, cielorrasos, pisos se transforman en "condiciones de muros", "condiciones de cielorrasos" y "condiciones de pisos" que el usuario podrá transformar de acuerdo a sus necesidades. Este trabajo está en directa relación con los conceptos de la Plug in House y los servicios móviles, desarrollados especialmente por Mike Webb. Los cerramientos ya no son más rígidos ni estáticos, sino que pueden ajustarse y programarse para moverse arriba abajo hacia adentro o afuera. El piso puede hacerse lo suficientemente duro como para ser una pista de baile o suave como para sentarse en él. Los ajustes para sentarse y dormir son inflables, y detalles como el peso de las mantas o la cantidad de elementos acolchados son controlados por el usuario. El concepto de silla-mueble se transforma en una especie de carrito de golf, que incluso puede ser usado para "navegar" la ciudad megaestructural. Los robots electrodomésticos, que desde luego se mueven, pueden desplegar biombos o cortinas, el cielorraso puede bajar y generar un sector íntimo. Los robots también pueden ofrecer refrescos, e incorporan aparatos de radio y televisión. El "muro de servicio" se conecta con la más amplia "grilla de servicios" de la ciudad Megaestructura.

"Para generar nuevas estructuras en cada caso, los perfiles de sección de los objetos domésticos diarios y el mobiliario fueron cruzados entre ellos, independientemente de su escala original y categoría. Basándose en esta información, fueron después organizados en el espacio, creando un nuevo "paisaje doméstico" o topografía sintética. Las condiciones formales y programáticas obtenidas son desconocidas e imposibles de preconcebir."[10]

[9] Fuente: Wikipedia.

[10] Extraído de Salazar, Jaime & Gausa, Manuel. *Housing + Singular Housing*. Actar, p. 106.

"Un paisaje luminoso de nubes blancas se introduce en el edificio existente, ofreciendo una gran zona protegida donde se dispone un conjunto de construcciones modulares. Las aberturas entre las nubes están equipadas con dispositivos sencillos que transforman todo tipo de condiciones meteorológicas en eventos maravillosos."[11]

"Los 'clusters' administrativos están dispuestos según una estructura de dendritas.
Las dendritas forman el nervio central del centro de servicios, con ramales que entran en el espacio público, así como en el back-office, mientras que las salas de reunión más grandes se encuentran en las articulaciones de esta estructura ramificada."[12]

"La Gastronomía Molecular tiene relación con las propiedades físico-químicas de los alimentos y los procesos tecnológicos a los que éstos se someten, como son el batido, la gelificación, y el aumento de la viscosidad, por mencionar solo algunos. Todo ello dependerá de los ingredientes que se seleccionen, las mezclas que se hagan entre ellos y las técnicas que se apliquen. Los alimentos son compuestos orgánicos (proteínas, hidratos de carbono, lípidos y vitaminas) y minerales, que cuando son sometidos a procesamiento son capaces de manifestar sus propiedades transformándose en espumas, emulsiones, geles u otras estructuras que pueden ser infinitas en gastronomía, dado que en ella se está continuamente innovando."[13]

"Una línea, una zona de color, no es importante porque registre lo que uno ha visto, sino por lo que le llevará a seguir viendo".

"Para el artista dibujar es descubrir. Y no se trata de una frase bonita; es literalmente cierto. Es el acto mismo de dibujar lo que fuerza al artista a mirar el objeto que tiene delante, a diseccionarlo y volverlo a unir en su imaginación. O, si dibuja de memoria, lo que lo fuerza a ahondar en ella hasta encontrar contenido de su propio almacén de observaciones pasadas".

[11] <http://www.carlosarroyo.net/esp/proyectos/Oostkamp/00.htm> accedida 21 de septiembre de 2015.
[12] Ibídem.
[13] <https://gastromolecular.wordpress.com/>, accedida 21 de septiembre de 2015. John Berger, en *John Berger. Sobre el dibujo.*

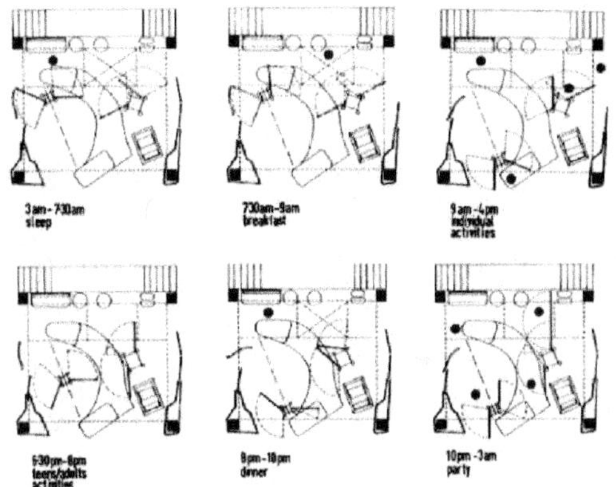

◀ Grupo Archigram. Living 1990. Posibles recorridos de los robots Fred y James. Fred traza una huella en planta más pequeña que James. http://cyberneticzoo.com/robots/1967-robot-fred-and-james-archigram-group-british/ Accedida 21 de septiembre de 2015.

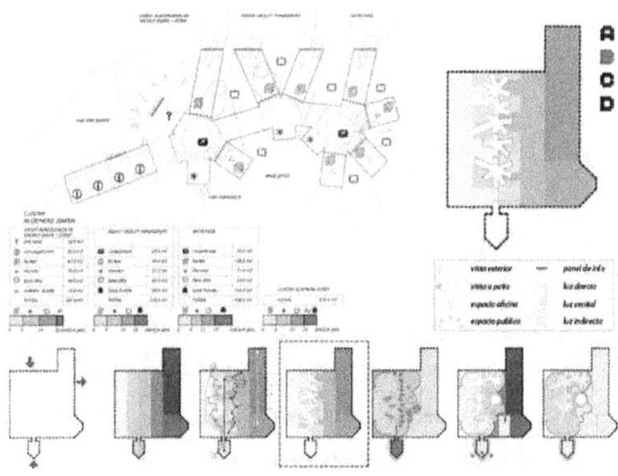

◀ Carlos Arroyo, diagramas.

◀ Carlos Arroyo, Costcampus.

◀ Tapa del libro *Ways of seeing*, de John Berger.

"Mi tarea ahora consistía en coordinar y medir, pero no medir por pulgadas, como quien mide una onza de pasas contándolas, sino medir por el ritmo, el volumen y el desplazamiento: calcular las distancias y los ángulos como un pájaro que volara a través de una celosía de ramas, visualizar la planta como un arquitecto; sentir la presión de mis líneas y garabatos en la superficie ultima de papel, al igual que un marinero siente la tensión de sus velas a fin de ceñir más o menos el viento."[14]

"... el dibujo arquitectónico es, de cierto modo, impuro e inclasificable. Su enlace que con la realidad que designa es complejo e intercambiable. (...) En cierto grado, los dibujos son imágenes escaladas de edificios. (Pero) los dibujos arquitectónicos también funcionan como notación, y pueden ser comparados con partituras musicales, textos o guiones. Un dibujo arquitectónico es un montaje de notaciones espaciales y materiales que pueden ser decodificadas, según una serie de convenciones compartidas, en función de producir una transformación de la realidad a distancia del autor."[15]

[15] Allen, Stan. *Practice, Architecture and Representation.*

REGÍMENES SIMBIÓTICOS

Melisa Brieva

Introducción

La relación entre el contexto ampliado, mediado por el dispositivo proyectual sensible y las emergencias proyectuales presentan sistemas en constante tensión como condición necesaria. Ese campo intensivo es el espacio (refiriéndonos en este caso a noción de dominio) de posibilidades para la Poiesis. El estudio de ecologías simbióticas como el parasitismo indaga en interacciones que desechan modelos de convivencia armónica y solidaridad idílica, enfocándose en la alta capacidad evolutiva por variabilidad, migración y actualización. En tanto se establecen relaciones estrechas y persistentes entre organismos (sistemas) de distintas especies (contexto ampliado-emergencias proyectuales), se logran transformaciones para ambos en tanto, el entorno construido en este caso hospedador, sale del letargo o tendencia de degradación, mientras que su huésped evoluciona ensayando nuevas formas de desarrollos locales. Estas interacciones, que en su estadio inicial se presentan en distintos grados, llegan a su punto máximo cuando se produce la simbiogénesis. Mediante la transferencia de material genético entre dos sistemas distintos, emerge un nuevo sistema indivisible y conformado por ambos. Esta operatoria no busca llegar siempre a un sistema indivisible y único, sino que se mueve dentro de rangos de máxima y mínima integración, comprendiendo que en cada caso este vínculo debe asegurar las tendencias de evolución.

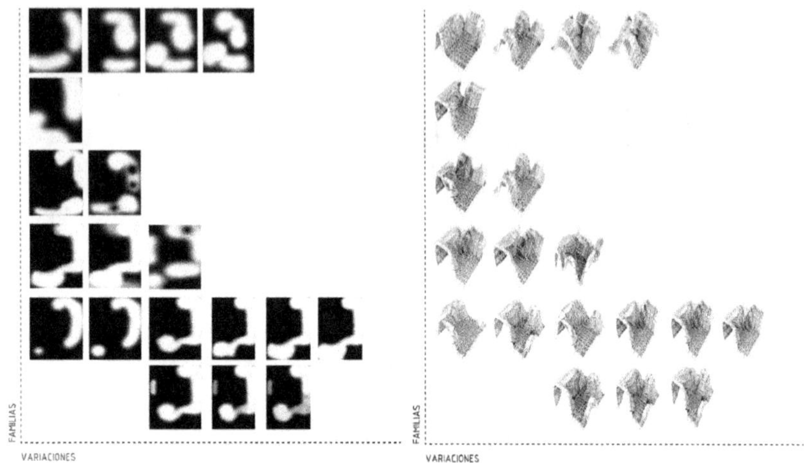

▲ Brieva, Melisa. Proyecto simbiótico de vivienda. 2014.

Objeto de estudio

Durante el 2012 Subsecretaría de Desarrollo Urbano y Vivienda - Sociedad Central de Arquitectos publicaron una intensa investigación sobre el estado actual de 691 conjuntos de vivienda colectiva de mediana y alta densidad, construidos en los últimos 40 años en todo el territorio nacional, contando cerca de 250.000 viviendas y más de un millón de habitantes. Muchas ciudades del mundo han afrontado este problema de degradación urbana en grandes conjuntos habitacionales. Desde el paradigmático caso de Pruitt Igoe,[1] el cual para muchos es icónico de la caída, no solo de un modelo habitacional sino de todo un modelo de pensamiento arquitectónico,[2] hasta experiencias de rehabilitación de conjuntos que plantean escenarios positivos.

[1] Conjunto de 2780 viviendas construido en St. Louse, Missouri, Estados Unidos, entre 1951-1954, habitado hasta 1968 y demolido debido a su terrible estado de conservación y conflictividad social en 1972.

[2] "La arquitectura moderna murió en St. Louis, Missouri el 15 de julio de 1972 a las 3:32pm", Charles Jencks.

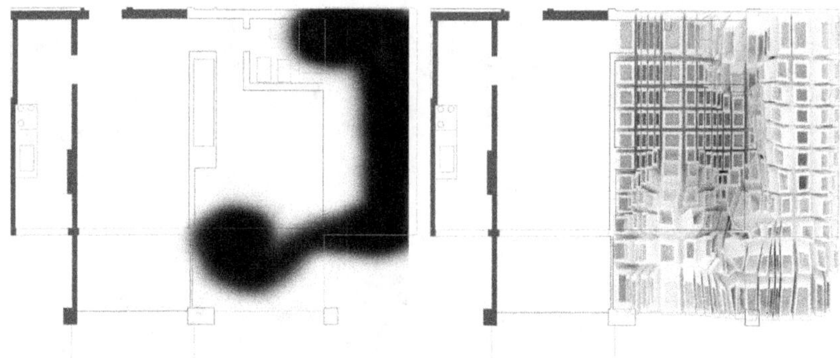

▲ Brieva, Melisa. Proyecto simbiótico de vivienda. 2014.

Este es un debate que la disciplina debe darse, más allá del común consenso sobre la crítica. La tendencia general se posiciona tomando estos modelos habitacionales como experiencias negativas para plantear nuevos modelos que no repitan "errores" descartando la realidad de que miles de personas los habitan aún. Es así que estos conjuntos continúan degradándose, su relación con la ciudad tiende a ser cada vez más difusa, y sus prestaciones incompetentes plantean un gran desperdicio de infraestructuras, de suelo urbano, considerando las potencialidades de crecimiento de los predios en los que se implantan. Aquí es necesario abordar el concepto de sustentabilidad en su sentido más amplio: social, ambiental y económico.

Es por esto que se considera que uno de los rasgos característicos del fracaso de estos modelos habitacionales radica en su incapacidad para evolucionar, es de vital importancia para esta investigación un explicitación de cuáles son las posibles operatorias para abordar este problema y cuáles sus implicancias proyectuales. Desde una visión sistémica[3] cuando se define a estos conjuntos habitacionales como organizaciones que fueron gestadas como "aisladas" o más precisamente como "sistemas cerrados" se refiere una relación simplificadora con su contexto. Podría decirse que estos sistemas operan mediante:

[3] Refiere a la Teoría General de Sistemas 1950 de L. Bertalanffy.

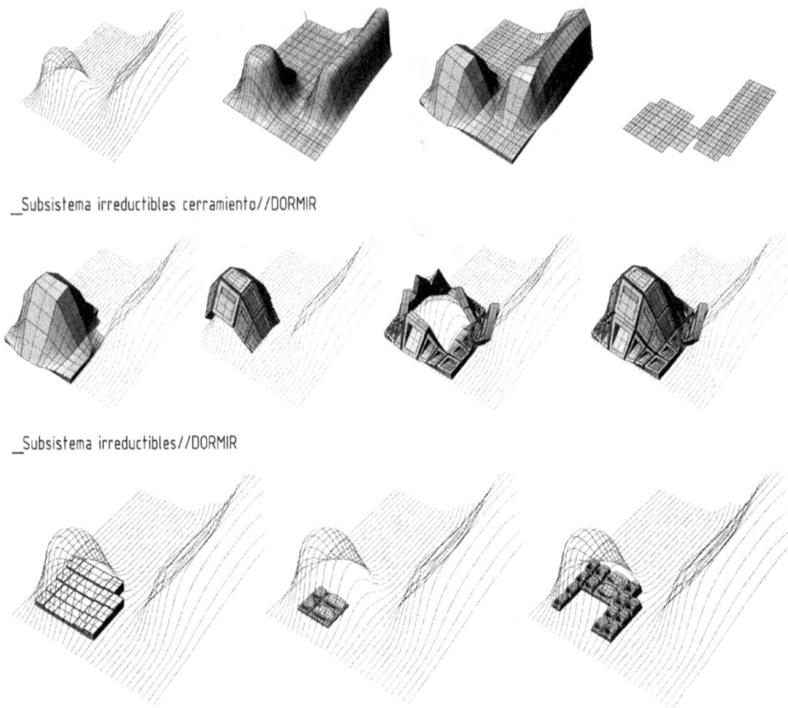

▲ ▶ Brieva, Melisa. Proyecto simbiótico de vivienda. 2014.

1. Disyunción: tendencia a aislar, a considerar los objetos independientes de su entorno, no considerando la especialización como una relación.
2. Abstracción: establecer leyes generales desconociendo las particularidades de donde surgen, desconociendo así la complejidad de la realidad.
3. Causalidad: que ve la realidad como una serie de causas efectos, como si la realidad planteara ingenuamente un trayecto lineal ascensional o se le pudiera plantear una finalidad.

Es así que este primer contexto que fue ingresado al proyecto de manera "sintetizada" consecuentemente en el devenir de la obra no logre re-organizarse e indexar nuevos datos para evolucionar.

_Subsistema irreductibles cerramiento//DESCANSAR

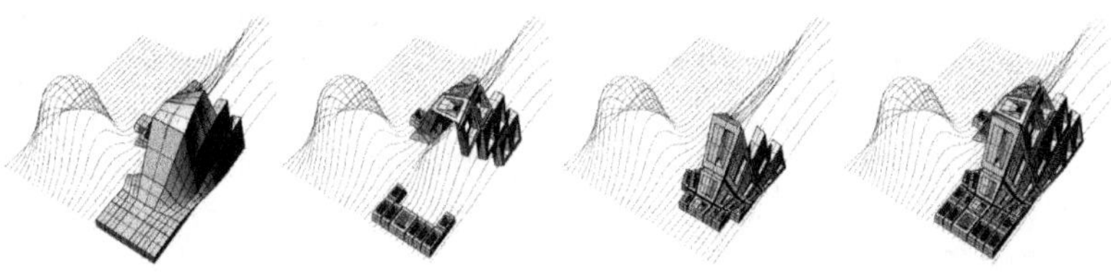

_Subsistema irreductibles//DESCANSAR

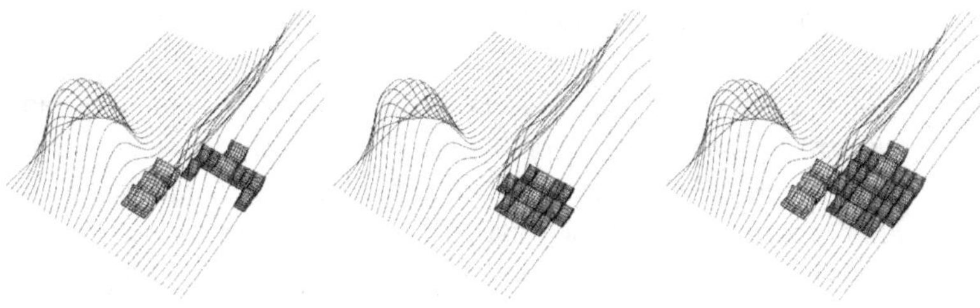

Las estrategias proyectuales de esta investigación proponen que solo incorporando "sistemas abiertos" al proceso proyectual podremos detectar y operar aquellas instancias en que se producen fallas, las cuales se ven reflejadas en una inexistente o deficiente interacción con el ambiente. Sistemas abiertos que se plantean la heterogeneidad, la interacción, el azar. Reconociendo que todo objeto de conocimiento, no se puede estudiar en sí mismo, sino en relación con su entorno. Podríamos decir que las operatorias de los sistemas abiertos se basan en:

1. Lo dialógico: A diferencia de la dialéctica no existe superación de contrarios, sino que dos términos coexisten sin dejar de ser antagónicos.
2. Recursividad: El efecto se vuelve causa, la causa se vuelve efecto; los productos son productores.

3. El principio Holo gramático: Este principio busca superar el principio de holismo y del reduccionismo. El holismo no ve más que el todo; el reduccionismo no ve más que partes. El principio hologramático ve las partes en el todo y el todo en las partes.

Sobre la diferencia entre estos dos tipos de sistemas planteados (abiertos-cerrados) se basan las estrategias a emplear para arribar al proyecto a través de:

1. Diseño de las operatorias con las que indexar el contexto a la investigación proyectual. En esta dirección se toma como marco de referencia la investigación Proyecto de tesis doctoral "Dispositivos Proyectuales Sensibles" de Mg. Arq. Federico Eliaschev

"Se hipotetiza que la utilización de Dispositivos Proyectuales Sensibles como vectores del método proyectual, posibilita establecer nuevos lazos con el Contexto, entendiendo al mismo en su sentido ampliado, tanto físico, bio-ambiental y socio-cultural. [...] se conjetura que los DPS pueden representar un encuadre metodológico muy acertado para el desarrollo de Vivienda Colectiva de mediana y Alta densidad, por su capacidad para asumir y trabajar con grandes cantidades de información, por su capacidad para captar de manera sistematizada información de una población determinada, sus modos de vida, etc., así como las diferentes características de determinado territorio".

2. Estudio de estrategias que puedan poner estos dos sistemas en íntima relación. Comprendiendo que solo podrá el sistema abierto propuesto metabolizar información y transmitirla al sistema original en tanto su relación con este sea de estrecha colaboración e interacción o sea en tanto establezcan una "relación simbiótica".

"La idea de encuentro, juega un papel cada vez más grande en la reflexión sobre la evolución. La vida misma puede ser entendida como el fruto del encuentro entre un sistema dotado de auto reproducción (cerrado) y un sistema abierto que mantiene relación inestable con su medio. Pero en todos los casos hay más que adición genérica. Supone en el encuentro entre dos 'programas' mediante una revisión organizacional profunda que transforma dos programas en uno, es decir una desorganización del uno y del otro por reorganización en el plano de la nueva unidad."[4]

Hipótesis

1. Se hipotetiza como punto de partida que los entornos generados por conjuntos de vivienda de alta y media densidad en los 70's en Argentina tienen enormes potenciales de evolución y que es posible su intervención a fin de lograr convertirlos en arquitecturas contemporáneas y situadas, revirtiendo la tendencia de deterioro y posibilitando escenarios de futuro crecimiento.
2. Las estrategias proyectuales emergentes de la investigación no podrán ser globales, sino que responden a casos particulares, se despliegan en escalas particulares, y sus reflexiones son locales.
3. Es necesario un encuadre metodológico particular que sea superador del que generó estos modelos habitacionales según categorías que incluyan el estado de cosas actual, las emergencias proyectuales y posibles escenarios futuros. Esto tiende a incluir y poner en relevancia la componente temporal tanto del proceso proyectual como de las emergencias proyectuales.
4. Así como los resultados de la investigación responden a casos particulares, en escalas particulares, bajo reflexiones locales, desplegaran sus resultados no en soluciones únicas/absolutas y sino a través de familias proyectuales diversas. Las cuales, serán a su vez, atravesadas por la mencionada componente temporal.
5. Se hipotetiza que las metodologías empleadas si bien refieren al marco específico de esta investigación, mediante su explicitación permitirán extraer conocimiento, no solo del objeto de estudio particular, sino de los propios procesos para volverlos replicables, criticables, transmisibles. Aquello que emerge del acto poético no es en este caso solo un producto sino una metodología y por ende un conocimiento.

---

[4] Morin, Edgar. 1994. *Introducción al pensamiento complejo* (Barcelona: Gedisa).

Objetivos

Se ponen a prueba los mencionados Dispositivos Proyectuales Sensibles en este tipo de proceso proyectual, en el que la lectura del contexto se establece como una meta-estructura, que permite las relaciones temporales y físicas entre las emergencias proyectuales y el entorno construido. Proceso que requerirá del diseño de una Ecología de diversos DPS. Esto obliga al exhaustivo estudio de las categorías de contexto a indexar (físicas-territoriales, sociales, ambientales, culturales, etc.) y a un desarrollo del instrumental (en este caso digital) para procesar ese volumen de información.

El DPS operaria en tanto *es la organización de la organización, el sistema del sistema, es decir una unidad compleja, cuyas propiedades solo pueden comprenderse en función de una organización heterogénea y diferenciada en una totalidad relacional.*[5]

El objetivo de esta operatoria de indexación se basa en que, más allá de que como punto de partida estos conjuntos simplificaron y abstrajeron la realidad del contexto en el momento histórico de su gestación, el devenir de las formas de habitar y el desarrollo urbano exponencial las implicancias de esta estrategia evasiva. Las variaciones de las formas de vida deben encontrar su correlato en las configuraciones del hábitat, a través de modelos que las expresen positivamente. Aquí cabe aclarar que muchas de las expresiones de cambios en las formas de habitar en estos conjuntos han sido tomadas como conductas indeseables. Tal es el ejemplo de la necesidad de adición de superficie en las unidades para familias ampliadas,[6] o para adicionar lugares de trabajo en la vivienda. Igual caso con la subdivisión de unidades para la obtención de renta por alquiler. Estos cambios de los grupos de convivencia aparecen en los conjuntos colectivos como atentados al dominio de lo público, como intrusiones en lo "ajeno", cuando son en realidad hábiles tácticas de supervivencia ante la rigidez de las estrategias generales. A su vez estos cambios desde la unidad se expresan en el conjunto como un aumento de la densidad que vuelve a las infraestructuras insuficientes. De ahí que

---

[5]   Ibídem.

[6]   El concepto de familia ampliada refiere a nuevas agrupaciones como familias ensambladas, familias que incluyen adultos mayores, madres/padres solteros que conviven con sus padres, familias que conviven con otros miembros con los que no comparten consanguineidad, etc.

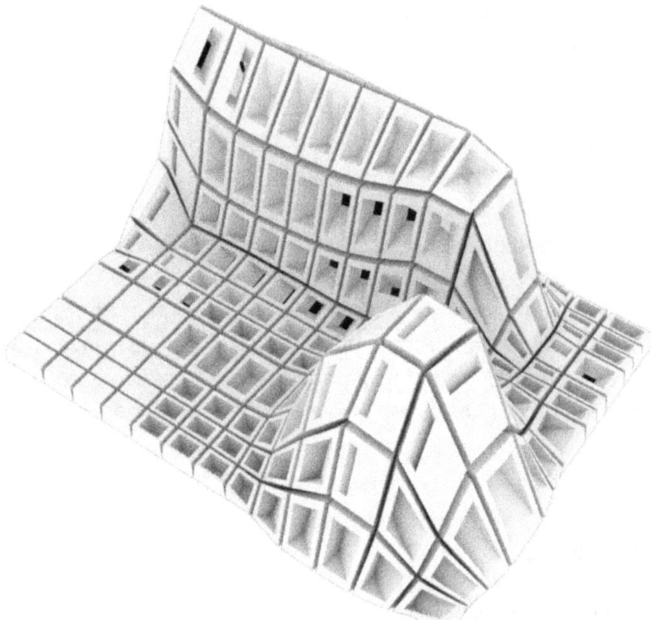

▲ Brieva, Melisa. Proyecto simbiótico de vivienda. 2014.

una característica positiva de nuestra cultura arquitectónica local, como el autoconstrucción o el crecimiento/subdivisión por etapas, se topen con límites del sistema general y se convierta en un desarrollo negativo.

Este proceso podría ser pensado a la inversa: adicionando infraestructuras (por ejemplo, sistemas circulatorios + sub-divisiones) se podría repensar la densidad de las unidades y del conjunto. Los sub-sistemas técnicos requerían además de su complejización para responder a nuevos requerimientos, por ejemplo, ambientales, los cuales, si bien ya existían en el momento de gestación del conjunto, no fueron considerados.

A escala urbana será necesario estudiar las consecuencias de la exclusión/inclusión de la trama respecto a estos conjuntos para ensayar estrategias bi-direccionales actualizadas (de la trama al conjunto y del conjunto a la trama en su estado actual). Es por esto que el modelo metodológico propuesto busca primero leer aquellos rasgos de "fracaso" del modelo original como el campo de posibilidades para la evolución del mismo.

"La evolución esta edificada sobre los incidentes, sobre los eventos raros, sobre los errores. Los errores que destruyen a un individuo están también en el origen de nuevas especies."[7]

Segundo entender que cuando se observan fallos, el abordaje no debe enfocarse en estos como síntomas generales, sino que estos deben ser observados a fin de agruparlos e interpretarlos según *patrones*. Dichos patrones permiten finalmente descubrir las *dinámicas generativas* del problema. Esta aproximación permite, cuanto menos, no caer en prejuicios sobre cuáles son los rasgos que consideramos como generadores de deterioro.

Metodología

Con el fin de extender los alcances de este conocimiento disciplinar y sus aplicaciones se pondrán a prueba estos DPS en la intervención de conjuntos de vivienda ya construidos (específicamente entre los 70/80's) en distintas zonas del territorio nacional.

Etapa 1

A través del análisis de casos presentados por el Proyecto Re-habitar[8] se catalogaran los proyectos con el fin de estudiar diferentes características locales. Algunas de las categorías propuestas son:

- ▸ Según sea Urbana, Sub Urbana o Rural
- ▸ Según la región climática del país

---

[7] Jacob, François. *The Logic of Life*, 1976.

[8] Bekinschtein, Eduardo; Calcagno, Lucía y Risso Patron, Domingo Pablo. *Proyecto Rehabitar.* CPAU-SCA, 2012. En este proyecto del 2012 se realiza un extenso trabajo de relevamiento de datos de los conjuntos existentes, sus problemas edilicios, urbanos, dominiales, etc. A fin de enfocar los alcances de esta investigación a estrategias proyectuales propositivas sobre el problema, se tomarán estos datos de relevamiento como base.

- Según la densidad en términos de habitantes
- Según la densidad en termino de volumen construido comparado con el predio de implantación.
- Según presente mixtura de programas (inclusión dentro del conjunto de otros programas que no sean vivienda)
- Según su accesibilidad a equipamientos (hospitales, escuelas, universidades, áreas de esparcimiento, etc.).

De todas estas categorías se compararán las condiciones actuales del proyecto con las de su momento de construcción. Los datos extraídos se expresarán en gradientes de variación-preservación.

Etapa 2

Sobre esta primera catalogación se seleccionarán 8 casos particulares (en 4 zonas climáticas de nuestro país) que se ubiquen en los extremos y sean representativos de:

- Aquellos que han variado en alto grado su condición inicial (según densidad, estado edilicio, relación urbana, adición de nuevos programas)
- Aquellos que han preservado en alto grado su condición inicial (ídem anterior)
- Aquellos que se encuentran en zonas climáticas diferentes.

A través de estos casos se estudiará cuáles son los patrones organizacionales que generaron tanto la variación como la preservación.

Mediante la selección de casos (8) se procederá al diseño de los DPS que permitan indexar[9] el proyecto en sí (mediante la parametrización de sus elementos físicos existentes), y seleccionar los filtros contextuales con los cuales leer ese entorno específico. La lectura de estos datos, implica, además, el despliegue de herramientas digitales que permiten

---

[9] Kipnis refiere a la indexación "como 'producción de secuencia', al mismo tiempo que un índice (index) es un código, un signo, un elemento estructural y sintáctico. Por otra parte, se refiere a la indexación como el resultado de la influencia de la información en las formas" (Kipnis, *2G FOA*, p. 8). Es una colección de datos categorizada, disgregable y por sobre todo activa. Toda información indexada se encuentra categorizada, relacionada, disponible y en potencia para la producción proyectual.

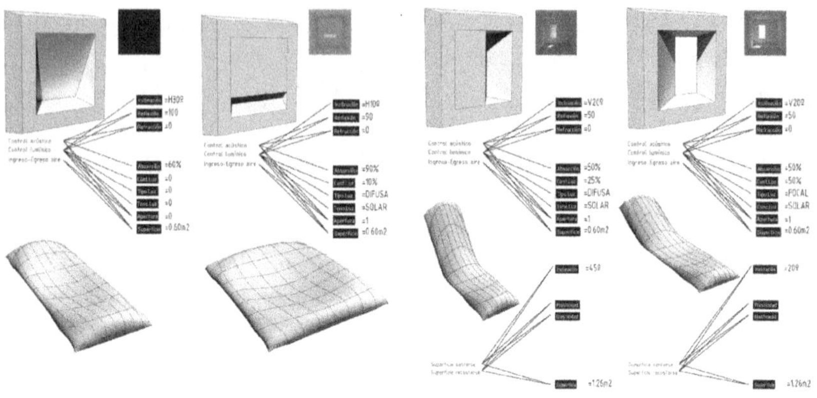

▲ Brieva, Melisa. Proyecto simbiótico de vivienda. 2014.

operar y experimentar con estos datos, ya sea mediante simulaciones bio-ambientales, simulaciones estructurales, optimización geométrica de elementos constructivos, etc. Y actualizar automáticamente la información obtenida al *scripting* general.[10]

A través de esta lectura se seleccionarán los puntos críticos del sistema original en los que se detectan espacio para desplegar los sistemas de apertura. Este tiene la doble tarea de interpretar la información del contexto encontrando cuál es su escala de desarrollo (escala para desarrollar su máximo potencial: sub-sistemas técnicos, micro operaciones sobre la unidad, la unidad en sí, conjuntos de unidades, lugares comunes, bloques, entre bloques, vínculos con la ciudad, etc.) y desplegar emergencias proyectuales, mientras ensaya las estrategias de integración propias para con el sistema original.

[10] "Libreto" de todos los procesos que debe realizar una computadora para realizar una forma. En un procedimiento de diseño Paramétrico, variables numéricas, formas preconcebidas y explícitas y algoritmos, pueden funcionar como parámetros, que ingresan al procedimiento ("INPUT") y producen un resultado formal ("OUTPUT"). Proyecto de tesis "Dispositivos proyectuales sensibles", Mg. Arq. Federico Eliaschev.

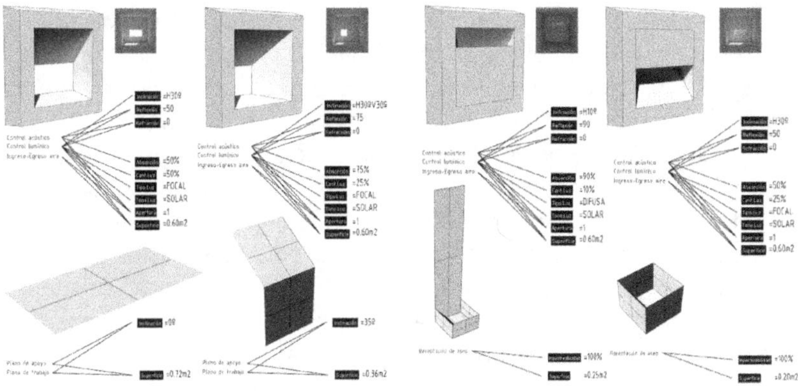

▲ Brieva, Melisa. Proyecto simbiótico de vivienda. 2014.

Esto genera familias proyectuales con diversas interpretaciones/propuestas sobre situaciones locales, tanto como diversas estrategias de integración. Tanto mayor será la potencialidad evolutiva, en tanto el sistema de apertura presente más complejas lecturas/propuestas (habilidades) y las despliegue mediante diferentes estrategias (diversidad).

Para retroalimentar al proceso proyectual las instancias deberían siempre operar mediante la recursividad de la evaluación, producción y crítica. De ahí que se incluya tanto la crítica de los resultados obtenidos como la crítica de los alcances de los propios procesos.

En cuanto a las familias de proyectos generados, estos podrán ser evaluados según gradiente de habilidades, diversidad y factibilidad. Además de su grado de integración.

En una instancia posterior podría estudiarse el grado de integración de estos sistemas abiertos con otros sistemas también abiertos. Un ejemplo de esto sería:

A través del análisis de un conjunto de viviendas se implementa un sistema abierto que opera en la escala de los sub-sistemas circulatorios agregando superficie y desarrollo a los mismos. Y a su vez, en otra etapa temporal del proyecto, otro sistema abierto que da cuenta de la necesidad de proteger a una fachada de la radiación solar. El grado de integración entre ambos es también un campo de estudio derivado del original.

En general en esta etapa se desplegarán las implicancias de los escenarios futuros de crecimiento- integración, basados en la crítica de la propia propuesta y entendiendo sus alcances y limitaciones.

El estudio de una ecología particular busca acercarnos a la compresión de una operatoria específica. No busca la mimesis formal sino el estudio de los procesos. Aquello que emerge del acto poético no es en este caso un producto sino una metodología. El explicitación de los procesos proyectuales es la que nos permite extraer conocimiento, no solo del objeto de estudio particular, sino de los propios procesos para volverlos replicables, criticables, transmisibles.

IV.

INQUISICIONES

INFRAESTRUCTURAS ARQUITECTÓNICAS HABITATIVAS

Leandro Costa

Introducción

"En la producción social de la vida, los hombres entran en determinadas relaciones necesarias e independientes de su voluntad, relaciones de producción, que corresponden a un determinado grado de desarrollo de sus fuerzas productivas materiales. Estas relaciones de producción en su conjunto constituyen la estructura económica de la sociedad, la base real (infraestructura) sobre la cual se erige la superestructura jurídica y política y a la que corresponden determinadas formas de conciencia social."[1]

Lo que sigue a la presente introducción son las primeras hipótesis para el desarrollo de una Investigación Proyectual sobre una arquitectura infraestructural habitacional, para el contexto de la metrópolis de Buenos Aires, entendiendo por esto, unas configuraciones sistémicas técnico-arquitectónicas en red, capaces de posibilitar las adecuaciones tecnológicas, relativas a la llamada Tercera Revolución Industrial (ver Jeremy Rifkin), última instancia evolutivo-contextual del capitalismo donde

---

[1] Marx, Karl. *Contribución a la crítica de la economía política.* Editorial Progreso, 1989, p. 7.

convergen nuevos sistemas tecnológicos de comunicación (ej.: Internet), con nuevas formas de producción industrial y de energía.

El desarrollo de una arquitectura infraestructural, según lo que se postula a continuación, conjeturamos, podría reemplazar o combinarse con las infraestructuras ingenieriles centralistas del periodo anterior, para mejorar la calidad ambiental y habitacional de las metrópolis de Latinoamérica. De alguna manera previstas por lo situacionistas y arquitectos como Yona Friedman, las arquitecturas infraestructurales para las ciudades de Latinoamérica por venir, deberán diferenciarse y partir, desde el punto de vista proyectual, de un contexto de desarrollo moderno inconcluso, de una relativa escasez en este sentido.

Si entendemos por infraestructura, en un contexto metropolitano contemporáneo, a una multiplicidad de redes tecnológicas y materiales complejas que posibilitan asociaciones entre programas arquitectónicos y sociales, conformando parte del territorio, es de vital importancia su re-propuesta, en un momento como el actual, donde las derivaciones respecto de las transformaciones técnicas y políticas se redefinen como conservación de unas relaciones de poder que impiden las transformaciones que las poblaciones urbanas requieren.

La proyección de las futuras redes para el desarrollo socio-habitacional metropolitano, especialmente, por ejemplo, en entornos de alta densidad, deberían por lo tanto partir, en simultáneo, de unos materiales que brinden las condiciones de posibilidad necesarias para la formulación, en colectivo, de unos principios técnicos transformadores del territorio urbano y sus ambientes asociados.

El conjunto de los múltiples estratos de cultura material metropolitana, cuyas instrucciones operativas, desde el iluminismo, devienen dominación técnica de la naturaleza y del sujeto, fueron y siguen siendo, paradójicamente, una posibilidad transformadora en tanto material de proyecto, y simultáneamente, un obstáculo –en sus modos actuales– para el planteo de alternativas de investigación en arquitectura, que propicien la conformación de los ámbitos concretos –e imaginarios–, capaces de favorecer las acciones sociales, re-significativas del medio ambiente urbano.

Las infraestructuras contemporáneas, en su modo ingenieril centralizador de gran escala, y las estructuraciones metropolitanas subordinadas no permiten el despliegue de organizaciones alternativas del hábitat, por fuera de la lógica mercantil actual, como estrategias para el desarrollo de proyectos arquitectónicos y urbanos que tengan por

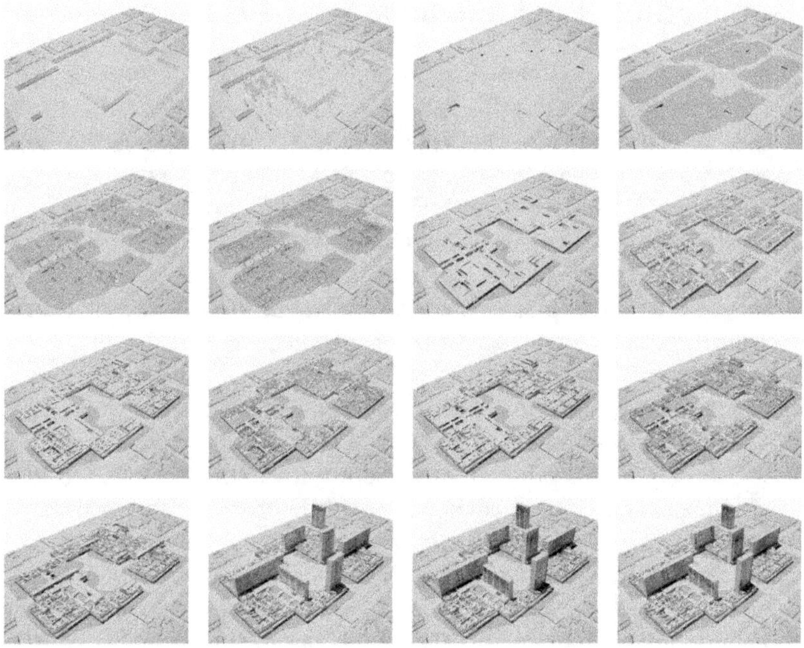

▲ Leandro Costa. Proyecto de vivienda colectiva de alta densidad. Tesis de Maestría.

objetivo el dar soluciones técnicas para el déficit de habitación relativo a las crecientes poblaciones metropolitanas. Estas poblaciones, sin embargo, necesitan readaptarse continuamente a sus propias mutaciones en los hábitos. Nuevos fenómenos del habitar urbano, y sumándose, transformaciones irreversibles del medioambiente, producto de estas mismas lógicas.

La siguiente investigación propone explorar las condiciones para el desarrollo técnico de una arquitectura infraestructural que propicie la producción social del hábitat metropolitano, con densidades y programas de usos múltiples, capaz de transformarse en relación a los cambios en los modos de habitar contemporáneos de los distintos actores sociales y, además, ser potencialmente apta para relacionarse simbióticamente con entornos arquitectónicos y urbanos deficitarios, y degradados.

Técnica moderna, ingeniería y arquitectura

Según el filósofo alemán Peter Sloterdijk, el hombre construye socialmente, mediante técnicas antropotécnicas (*Has de cambiar tu vida*), lo que llama esferas, es decir hábitats de mediación inmunológicos. Estos hábitats no son solo materializaciones sino también discursos, normas y construcciones simbólicas del mundo a través de todas las épocas, sin los cuales el hombre no podría haber sobrevivido a las contingencias de la naturaleza, tanto externas, como internas. El nacimiento de la Arquitectura se corresponde con instancias avanzadas de las antropotécnicas iniciales, practicadas por civilizaciones antiguas.

En la modernidad, y con más énfasis en el momento histórico correspondiente a la primera y segunda revolución industrial, las antropotécnicas primigenias devienen lo que Foucault llama Biopolíticas o conjunto relacional de tecnologías para el gobierno de las poblaciones, en tanto gran escala de la agrupación humana, con el objeto de posibilitar la economía mercantilista-capitalista. Las biopolíticas son tecnologías tanto materiales, como discursivas, normativas, educativas, etc..., que se disponen para gobernar, tanto el cuerpo, como la psiquis del sujeto poblacional. La arquitectura se encontraría, hipotéticamente, dentro de esta Biopolítica, como una de las tecnologías específicas para el desarrollo del cobijo protésico, inmunológico, y posibilitante, de la cultura sofisticada de las poblaciones urbanas.

"Este año querría comenzar el estudio de algo que hace un tiempo llame, un poco en el aire, Biopoder, es decir, una serie de fenómenos que me parece bastante importante, a saber: el conjunto de mecanismos por medio de los cuales aquello que, en la especie humana, constituye sus rasgos biológicos fundamentales podrá ser parte de una política, una estrategia política (agregamos: también urbanas y arquitectónicas), una estrategia general de poder; en otras palabras, como, a partir del siglo XVII, la sociedad, las sociedades occidentales modernas, tomaron en cuenta un hecho biológico fundamental de que el hombre constituye una especie humana."[2]

En la segunda mitad europea del siglo XIX, la técnica arcaica de la arquitectura, se recluye, por un lado, en los palacios y los estilos

[2] Foucault, Michel. *Seguridad, territorio, población*. Buenos Aires, Fondo de Cultura Económica. 2009, p. 15.

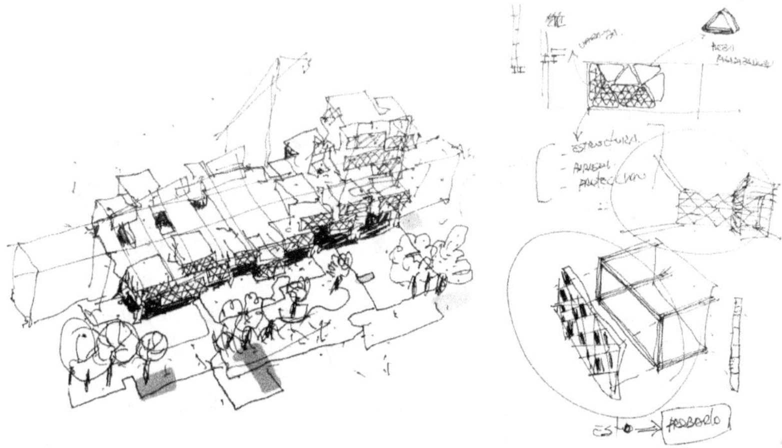

▲ Leandro Costa. Proyecto de vivienda colectiva de alta densidad. Tesis de Maestría.

neoclásicos; por otro lado, hay quienes intentan mimetizarla teórica y empíricamente con las nuevas tecnologías y disciplinas técnicas para el control material sobre el espacio habitable: La Ingeniería, y su complemento estratégico: el urbanismo. Estas disciplinas, en términos foucaultianos, se constituyeron como verdaderos dispositivos tecnológicos biopolíticos, organizando las condicionantes técnicas, materiales y espaciales de las actividades e itinerarios del hábitat urbano moderno.

Ahora bien, ¿cuál es el sentido de controlar a las poblaciones con biopolíticas de la educación, de la economía, de la policía, de la arquitectura y el urbanismo? Antes Heidegger y luego el economista Jeremy Rifkin nos dan la clave: la explotación de las energías "ocultas" en la tierra. Desde la segunda revolución industrial, estas energías ocultas, fundamentales para la economía moderna, se corresponden con las explotaciones carboníferas, especialmente las del petróleo.

Efectivamente, explotar la tierra para extraer su energía implica para Rifkin, el empleo de ingenierías centralizadas de gran porte. Para la puesta en práctica de estas ingenierías es necesario el movimiento de enormes recursos materiales y económicos, nacionales e internacionales, estatales y privados. Además, es necesario el empleo de grandes grupos humanos en sitios específicos, tanto para la producción directa e indirecta de estas energías, como para el consumo y transformación industrial de las energías en tanto mercancías de intercambio. Una economía de producción y consumo mediante grandes obras de ingeniería centralizada que debían y deben ser mantenidas por unos actores sociales en estabilidad política. Tal el objetivo de la educación cívica y militar moderna. Sin importar si se trata de la versión capitalista o la socialista moderna, ambas visiones tienen en la técnica moderna que extrae energía de la tierra, su fin y sentido. Ambos sistemas políticos necesitaran de masas poblacionales urbanizadas, que respondan al modelo centralista-monopólico de producción industrial y transformación de la energía.

> "Los combustibles fósiles (el carbón, el petróleo y el gas natural) son energías de naturaleza elitista por la sencilla razón de que solo se encuentran en localizaciones selectas. Requieren una importante inversión militar para procurarse acceso a las mismas y una gestión geopolítica continuada para garantizar su disponibilidad. También precisan de unos esquemas de control y mando centralizado, vertical y unidireccional descendentes, así como de unas concentraciones masivas de capital para su traslado desde el subsuelo hasta el consumidor final. Para el rendimiento eficaz del conjunto del sistema resulta crucial, pues, una amplia capacidad de concentración de capital (la esencia misma del capitalismo moderno). Esa infraestructura energética centralizada fija, a su vez, las condiciones para el resto de la economía y potencia modelos de negocio similares en todos los demás sectores."[3]

Es probable que la explotación centralizada de la energía carbónica, con sus enormes costos de inversión y largos procesos temporales de planificación y gestión, haya requerido del desarrollo teleológico sobredeterminado de los programas arquitectónicos habitacionales, origen del funcionalismo arquitectónico-habitacional racionalista, como tecnologías del hábitat para el control y estabilización política de la población. Las configuraciones normativas de las viviendas –según determinadas biopolíticas, debían reproducirse indefinidamente según los postulados políticos de los sectores sociales dominantes, para garantizar una continuidad espacio-temporal productiva, con el ideario burgués industrial como

---

[3] Rifkin, Jeremy. *La Tercera Revolución Industrial*, Barcelona, Paidós, 2011, p. 154.

▲ Procesos de extracción de energías no renovables.

modelo subyacente. Las transformaciones en los programas arquitectónicos habitacionales debían estar reguladas a su vez, por el mercado y un cientificismo ingenieril sanitarista.

El establecimiento indefinido del carácter burgués en la vivienda moderna, es constatable incluso, en las experiencias socio-ingenieriles de vivienda comunista, de la Unión Soviética, como por ejemplo la correspondiente al edificio de viviendas como contenedor social" Narkomfin". Luego de estos ensayos experimentales concretos, pero aislados, el gobierno soviético decide el retorno a las formas y modelos arquitectónicos del habitar en cuanto dicho ideal burgués, reservando la colectivización, para el uso compartido de algunos servicios técnicos de los edificios. Una revolución política sin un correlato habitacional, urbano y arquitectónico revolucionario generalizado.

La técnica ingenieril fue la herramienta potenciadora de la transformación y densificación de la ciudad moderna. El carácter político de dichas ingenierías fue centralizador y coincidente con el desarrollo del Estado Moderno. La ingeniería se estableció, desde sus inicios, como disciplina racionalista-estratégica capaz de condicionar a la arquitectura como tributaria de una economía y tecnociencia mundializada, a través del cálculo y proyecto de las nuevas redes ingenieriles infraestructurales

◀ Edificio Narkomfin.

de servicios urbanos. En este sentido, la ingeniería sustrajo influencia política a la arquitectura como técnica configuradora y transformadora de la materia urbana. La otra disciplina técnica que resto influencia política a la arquitectura fue el urbanismo, que sitúa a los programas arquitectónicos en función de los desarrollos territorializados de la ingeniería infraestructural como instrumento para el desarrollo del capital, en cuanto renta industrial, inmobiliaria y financiera.

La ciudad moderna latinoamericana acompaño programáticamente al poder emergente de la ingeniería. En Buenos Aires, por ejemplo, la ingeniería centralista de la naciente red sanitaria-pluvial de escala metropolitana emplaza a las cuencas naturales de los ríos, con el fin de extender el parcelado y maximizar la renta del suelo y el servo-negocio del ferrocarril. Las redes centralizadas posibilitadas por las infraestructuras ingenieriles de servicio acompañan esta parcelación de lo acuífero originario. Actualmente el cambio climático producto del despliegue real de la técnica moderna a escala planetaria, la escasez relativa de capital económico, y político, para la ampliación de la red ingenieril, sumado a la extensión creciente de la estructura urbana de la Región Metropolitana de Buenos Aires deviene inundación y desastre ambiental generalizado.

La arquitectura, respecto del reparto de tareas en la economía moderna, se establece entonces según dos utilidades. Primero: sitúa serialmente, en células estables y móviles, al sujeto como población urbana, posibilitando las densidades necesarias para una determinada territorialización técnica. Segundo: establece las correlatividades mediadas para las formas de habitar como producto del poder tecnificado y como consumo, o sea destino y comienzo del ciclo productivo (vale también para los intervalos de escasez improductiva relativa).

La serialización del espacio habitativo moderno como estrategia de homogeneización del ámbito social, del sujeto universal, tiene obviamente en Marx, uno de sus primeros críticos cuando advierte, en su célebre: Los dieciocho brumarios de Luis Bonaparte del año 1852, que la pequeña célula-parcela agraria, extendida previamente durante la Francia napoleónica no podía trasladarse como modelo de organización del espacio posibilitador de la revolución.

"La propiedad parcelaria [...] ha transformado en trogloditas a la masa de la nación francesa. Dieciséis millones de campesinos (incluidos mujeres y niños) habitan en cuevas (cada parcela), una gran parte de las cuales solo tiene una abertura, la otra solo dos, y la privilegiada solo tres aberturas. Las ventanas son en una casa lo que son los cinco sentidas para la cabeza. (Cita de K. Marx)"[4]

Una hipótesis por demás interesante para la historia de la arquitectura y el urbanismo: una determinada organización del ámbito territorial como límite para la real toma de conciencia de clase. Topológicamente, Sloterdijk extiende dicha hipótesis y conjetura que la ciudad moderna, efectivamente transposiciona la micro-célula-parcela como modelo a ser dispuesto en distintas situaciones, según modelos de ciudad satélite-jardín, y en altura en pos de una densificación gradual de ciudades ya existentes y nuevas. Agrupaciones socio-celulares incomunicadas.

Los postulados estratégicos de densificación en la ciudad moderna se basan en la multiplicación seriada, celular y yuxtapuesta de hábitats, como entidades espaciales, consumidores de las energías carbónicas. La vivienda moderna en su estanquidad se desarrolla históricamente según analogías maquínicas de la movilidad y velocidad, los modelos tipológicos inaugurales eran el automóvil y el transatlántico; también el avión. Todos metamodelos consumidores de petróleo refinado. En correspondencia con las formas de producción de estos modelos, la vivienda debía configurarse técnicamente para la producción en serie. La concepción moderna según la cual las ciudades debían ser resultado de la relación complementaria de una multiplicidad de células habitativas de carácter inmunológico capaces de constituir entidades multiescalares alimentadas

---

[4] Sloterdijk, Peter. *Esferas III*, Buenos Aires, Siruela, 2009, p. 440-441.

por flujos de servicios, acerco el discurso maquinista al biologicista de carácter sintético-artificial.

"Para acercarse al fenómeno apartamento hay que percibir su estrecha conexión con el principio de la serie, sin el que no puede pensarse el tránsito de construir (y del producir) a la era de la fabricación y la prefabricación masivas. Así como, según El Lissitsky, el constructivismo representaba el punto de transbordo de la pintura a la arquitectura, así el serialismo, el punto de trasbordo entre elementarismo y utopismo social."[5]

De la estrategia discursiva a la empírea, la mediación técnica y exploratoria se concentraría en el potencial de la estrategia biologicista de la célula unitaria de vivienda moderna, como solución para la creciente densificación de las ciudades. La estrategia contemplaba la ventaja pragmática del control del valor de cambio de cada unidad y del valor de uso relativo, en función de una modalidad de agrupación familiar básica (la familia nuclear obrera). En definitiva, para la óptica del poder, la vivienda como célula tenía varias ventajas. Mientras el sistema económico productivo se mantuviese estable, la vivienda celular de fabricación seriada, simplificaba estratégica y tácticamente, todas las operatorias de análisis, cálculo y construcción. Las normativas acompañarían este proceso de racionalización, síntesis y simplificación. Una elementarización de la producción seriada de la vivienda con el objetivo de densificar las ciudades para el alojamiento de las masas.

La visión de la industrialización del hábitat para las masas que, con los amasadores del caso como destinatarios de la plusvalía correspondiente, dominó el imaginario de desarrollo del mundo durante el siglo XX, se vería drásticamente interrogada recién con la primera crisis del petróleo del año 1973, crisis que tuvo su origen en dos fenómenos: primero el desgaste de la capacidad de autoabastecimiento de petróleo por parte de Estados Unidos y por el otro, la necesidad de Occidente en general, de importar petróleo de medio oriente.

Si hacemos un repaso de los manuales de historia de la arquitectura moderna veremos que previamente a la crisis, los modelos de densificación, por ejemplo, del Japón, respondían a configuraciones arquitectónicas megaestructurales de hiperdensidad conectadas a infraestructuras

---

[5] Sloterdijk, Peter. *Esferas III*, Buenos Aires, Siruela, 2009, p. 432-433.

centralizadas de provisión energética y de servicios. Curiosamente, la crisis del petróleo ('73) casi coincide con la demolición del conjunto edilicio habitacional moderno de Pruitt-Igoe en el centro de la ciudad de Saint Louis del 15 de julio de 1972. El historiador Jenks sitúa en esta fecha el final de la arquitectura moderna como paradigma y la hora cero del posmodernismo. El conjunto carecía de calidad arquitectónica, era, en términos de Sloterdijk, un ejemplo de modernismo vulgar, carente de urbanidad en su desconexión contextual, y dependiente del automóvil.

Sloterdijk nos recuerda la necesidad de mantener una ilusión, un ficción de autonomía, de integración simultánea con el afuera, dentro de los límites de la unidad habitativa individual, en función de una necesaria inmunidad dentro del "apartamento", la mayoría de las veces afectada por deficientes aislaciones ambientales, pero con mediaciones programáticas según ámbitos comunitarios como reguladores de comunicaciones muchas veces forzadas, hacia dentro y fuera de la comunidad habitacional especifica.

"… Le Corbusier proporcionó ex negativo la fórmula, cuando hizo notar que lo que importa en una edificación es la ventilación psíquica. Una unidad de vivienda arquitectónicamente lograda no solo representa un trozo de aire cercado, sino más bien un sistema psicosocial de inmunidad, que es capaz de regular, según convenga, el grado de su impermeabilización hacia afuera. 'Ventilación psíquica' implica que en las unidades inmunes aisladas se infiltra un hálito de animaciones comunitarias."[6]

El automóvil, en la ciudad contemporánea, es un dispositivo de conexión y comunicación, pero también de distanciamiento social fundamental. Es la micro-parcela nómade por excelencia, que permite tanto "la escapada" de la ciudad densa, como el "me voy a la oficina", desde el barrio cerrado o country, al centro de la ciudad. El automóvil es el complemento parcelario de la vivienda celular. El transporte público participa de esta dinámica socioeconómica del hábitat y se podría decir que le cabe el mismo objetivo de dispositivo de conexión y distanciamiento. Por supuesto que el carácter de ser público lo acerca al imaginario de lo colectivo-masivo, pero los micro-dispositivos de individualización actuales (teléfonos celulares multimedia, micro-computadoras nomádicas,

---

[6] Sloterdijk, Peter. *Esferas III*, Buenos Aires, Siruela, 2009, p. 439.

etc.), sitúan y reconforman la parcela de completamiento de la vivienda y la soledad relativa de cada habitante circunstancial del transporte público. En fin, una crisis, que nos encuentra distraídos ante el espectáculo debido al ocaso del paradigma energético y social, de la segunda revolución industrial.

Infraestructuras arquitectónicas distribuidas. Un antecedente local

Las infraestructuras, como bien explicaba Yona Friedman hace 50 años atrás, son redes y no solo estructuras. Las estructuras forman parte de lo infraestructural, como aquello material posibilitante del despliegue de las múltiples redes técnicas y sociales. También las calles y otros formatos viarios son parte de lo infraestructural así entendido. Un ejemplo concreto de infraestructura es la manzana urbana de Buenos Aires con sus variantes según código. En cuanto infraestructuras posibilitantes, son módulos urbanos genéricos de una gran flexibilidad programática arquitectónica.

La técnica en su modo del proyecto para el hábitat urbano y arquitectónico, se corresponde, desde un punto de vista teórico operativo, con unas estrategias y unas tácticas de mediación –correspondientes a un determinado momento histórico–, entre las cualidades y capacidades naturales inherentes al ser humano y lo natural externo, siendo esto último resultado de la alteración previa por instancias técnicas precedentes.

La estrategia es lo propiamente técnico, es la generalidad argumentativa y política que despliega el poder de las tecnologías específicas en el territorio y su espacio. Como discurso, la técnica Arquitectura, desarrolla tácticas de distanciamiento, acercamiento e interacción entre el sujeto como habitante, lo natural en él, y lo natural exterior. Las tecnologías arquitectónicas específicas son las tácticas, esto es, las adecuaciones particulares de la técnica según cada caso.

En este sentido Jeremy Rifkin propone estratégicamente definir una nueva economía técnica, que denomina Tercera Revolución Industrial, en reemplazo de la actual según el despliegue planetario de tecnologías de producción e intercambio de la energía como posibles redes colaborativas. Si cada hogar urbano tuviese, por ejemplo, una instalación para la producción de energía solar vinculada a una red informatizada capaz

▶ Infraestructura de la manzana de Buenos Aires.

de almacenar, redistribuir e intercambiar los posibles excedentes energéticos, la dependencia actual de las energías carbónicas se vería indudablemente atenuada y, con la evolución exponencial de las tecnologías intervinientes, en el devenir, prácticamente reemplazada. En concreto: energías renovables (solar, eólicas, hidrógeno, etc.) + internet (con las adecuaciones tecnológicas necesarias para la canalización de energía).

La propuesta de Rifkin, en su traducción arquitectónica supondría la incorporación del carácter infraestructural necesario para propiciar los ámbitos relativos a las tecnologías de la Tercera Revolución Industrial. A nivel estratégico-político, la arquitectura recuperaría su influencia respecto de los planteos de desarrollo posibilitados por la densificación habitacional con nuevas configuraciones habitativas y con programas infraestructurales incluidos, hoy proyectados exclusivamente por la planificación urbana y la ingeniería. En todo caso la relación entre ingeniería y arquitectura podría ser más fuerte aún, si la infraestructura tuviese ciertas cualidades arquitectónicas. Le Corbusier predijo esta unión en su libro Precisiones sobre su extensa tarea de propaganda sudamericana.

"Un dibujo dedicado a los 'constructores' termina la presente introducción. Nueva etapa que pone desde ahora, en contacto permanente, fraternal, igual, a las dos vocaciones, cuyo destino es equiparla civilización maquinista y llevarla hacia un esplendor completamente nuevo. Estas dos vocaciones son: la del ingeniero y las del arquitecto. Una de ellas ya estaba en marcha, la otra, estaba adormecida. Eran rivales. La tarea de los "constructores" se conjuga una con la otra desde la empalizada, la fábrica, el despacho, la vivienda, el palacio, hasta la catedral, hasta todo. El símbolo de esta asociación aparece en la parte inferior del dibujo: son dos manos cuyos dedos se entrelazan, dos manos puestas en horizontal, dos manos al mismo nivel."[7]

Le Corbusier fue quizás el primero en pensar una arquitectura infraestructural para densificar Buenos Aires, con su propuesta de la Ciudad de los negocios, la cual se disponía como extensión del centro y continuación de la barranca sobre el rio. Una megaestructura de hormigón armado, sobrevuela el nivel máximo de crecida del rio. La infraestructura técnica de servicios sanitarios metropolitanos se dispondría arquitectónicamente en altura y flotando sobre el Río de la Plata.

"El suelo de la Pampa y el de la ciudad no están en el mismo nivel del rio; cae casi a pico por lo que ustedes llaman 'La Barranca', declive muy pronunciado, tan pronunciado que la ciudad primitiva se quedó detrás. Así, con nuestro hormigón armado, vamos a llevar, a nivel, el suelo de la ciudad, por encima del rio, hacia delante, sobre unos pilotes que tomaran sus cimientos en la arcilla compacta del fondo del estuario, suelo excelente para levantar rascacielos. Este fondo no está a más de ocho a doce metros, aproximadamente, por debajo del nivel del agua."[8]

Como corresponde a un estratega, el discurso de Le Corbusier, se fundamenta según el objetivo geopolítico macro final de la propuesta. La ciudad de Buenos Aires era, en ese entonces, la más avanzada de Sudamérica y Le Corbusier la imaginaba como contracara mimética de New York. Una futura metrópolis moderna, densamente poblada que tuviese un nuevo centro con múltiples programas de habitación y negocios, capaz de competir en escala, superando en adelantos arquitectónicos e ingenieriles, a la ciudad de New York. Su retórica, apela al celo de las

---

[7]   Le Corbusier, *Precisiones*. Barcelona, Poseidón. 1978, p. 12.

[8]   Le Corbusier, *Precisiones*. Barcelona, Poseidón. 1978, p. 229.

elites cosmopolitas de Buenos Aires respecto del poder de sus análogas norteamericanas. New York es el ejemplo concreto del maridaje múltiple entre: Biopolíticas de densificación habitacional, nueva ingeniería infraestructural metropolitana y nueva arquitectura de gran escala.

El planteo de la Ciudad de los Negocios hace lugar a las infraestructuras de transporte y viales de gran escala, subsumiéndolas a un nuevo paisaje arquitectónico monumental a ser construido casi instantáneamente. No formula ninguna posible organización de etapabilidades de gestión económico-productiva de la propuesta, solo plantea objetivos políticos a ser materializados por un hipotético poder económico transformador.

"Abro los callejones sin salida, trazo al pie de La Barranca una red de vías para mercancías y viajeros, una red que pasa, uniendo el norte al sur y el sudoeste al nordeste. Todo esto bajo el nuevo suelo de la ciudad, en cemento armado que se encuentra a doce o dieciocho metros encima. Ya no hay estación, sino vías de paso; no hay que tener estaciones en callejones sin salida en las ciudades: los trenes pasan, pero no se forman allí."[9]

Respecto de la población urbana, Le Corbusier era un convencido de la necesidad de densificar la ciudad de Buenos Aires, para transformarla realmente en una metrópolis de peso internacional. La economía moderna, la economía de la maquina es la economía de las masas. Esas poblaciones eran masas en las manos del arquitecto moderno, eran masas a ser distribuidas ordenadamente en la ciudad de la arquitectura por venir. El porvenir de las masas era la ciudad moderna.

"Planto los rascacielos de la ciudad de negocios en alineamientos majestuosos sobre la plataforma de cemento armado. Cubren el 5% de la superficie. El 95% está reservado para la circulación y para el aparcamiento de coches. Toda la ciudad, hasta ahora enclaustrada dentro de sus calles opresivas, se abre sobre el mar, a plena luz, en plena libertad, en pleno goce. Desde el borde de la plataforma, se verá la llegada de los barcos y de los aviones. En este lugar, conquistado con poco gasto al rio, pongo 3.200 habitantes por hectárea y no solamente los 400 que arrojan

[9] Le Corbusier, *Precisiones*. Barcelona, Poseidón. 1978, p. 230.

vuestras estadísticas para los barrios del centro. ¡Qué valorización! ¡Qué negocio! ¡Cuántos millares de millones creados por el milagro de las técnicas modernas!"[10]

El planteo arquitectónico infraestructural de Le Corbusier responde a una era de cambio técnico extremo, aun en expansión, la correspondiente a la segunda revolución industrial. En tal sentido, La Ciudad de los Negocios fue proyectada como terminal de consumo centralizado de energía. Podemos insistir y englobar en dicha producción al tratamiento y distribución del agua potable, la logística radiotelefónica y de transporte en general, etc... Tal caracterización de las arquitecturas como terminales de consumo energético, y las sobredeterminaciones en las configuraciones habitativas de los planteos modernos y contemporáneos en general, son los que están en crisis.

Es común la analogía entre infraestructura y red. La arquitectura podría utilizar esta analogía para salir del atolladero conceptual y concreto en el que se encuentra luego de la caída del paradigma moderno hace 50 años. La correspondencia entre redes técnicas y sociales es hoy clara. Una arquitectura infraestructural que opere genealógicamente, abarcando las informaciones epocales previas tendría la ventaja que no tuvieron planteos similares en el pasado reciente.

La arquitectura infraestructural, en cuanto estrategia general, propone, además de una apropiación, por parte de la población, del ámbito aéreo y terrestre de las metrópolis, la posibilidad de distribuir la técnica como un valor social concreto y operativo, para la vida en las metrópolis, a lo que contribuirá muy prontamente con mayor fuerza, el avance de las tecnologías informáticas de la organización espacial correspondiente.

Ahora, la estrategia en cuanto concepción general, deviene normativa emergente. En cuanto normativa pasaría a formar parte de la biopolítica denunciada por Foucault, constituyendo entonces un segundo problema, pero el carácter propuesto de una arquitectura infraestructural en red posibilitaría el planteo de eso que Foucault denominó Heterotopías, o sea, ámbitos "otros" susceptibles de dar lugar al surgimiento de nuevas formas de sociabilidad y nuevas economías, con las adecuaciones ambientales del cada caso.

---

[10] Le Corbusier, *Precisiones*. Barcelona, Poseidón. 1978, p. 230.

"¡y bien! Yo sueño con una ciencia –bien digo, una ciencia– que tendría por objeto esos espacios diferentes, esos otros lugares, esas impugnaciones míticas y reales del espacio donde vivimos. Esta ciencia estudiaría no las utopías, puesto que hay que reservar ese nombre a lo que no tiene lugar, sino las heterotopías, lo espacios absolutamente diferentes; y por fuerza la ciencia en cuestión se llamaría, se llamará, se llama ya, 'la heterotopología'."[11]

Infraestructuras arquitectónicas operables

Las tecnologías normativas que forman para Foucault la técnica Biopolítica de gobierno de las poblaciones se perfeccionan hacia la segunda mitad del siglo XIX para optimizar la comunicación del estamento de poder político con dicha población, vía sistemas político-jurídicos, educativos y propagandísticos. A su vez, desde la primera revolución industrial y con mayor intensidad en la segunda, las crecientes poblaciones urbanas de Europa comenzaron a ejercer presión popular sobre los gobiernos, en la búsqueda de mejores situaciones de existencia urbanas. Estas presiones, traducidas en nuevos programas políticos, eran absorbidas, en parte, por dichas biopolíticas y en parte anuladas por esta. En ambos casos la táctica era represiva del sujeto, mediante tecnologías de la individualización normalizadas.

En las tácticas de individualización de los sistemas políticos burgueses, Marx creía ver una de las características fundamentales del proceso de conformación del capital moderno. Veía también, en la unión estratégica entre industria moderna con sus formas de trabajo y la ciudad de masas, un posible caldo de cultivo revolucionario de las poblaciones urbanas obreras, para lo cual ese remanente imaginario del parcelario agrario antes nombrado, debía suprimirse en favor de una construcción colectiva del ambiente obrero correspondiente a la era industrial.

Para Foucault, contra esa individualidad represiva e impuesta por las normativas del poder biopolítica del control sobre la naturaleza y el hombre, solo quedaba como salida una estética anti-alienante, poiética

---

[11] Foucault, Michel. *El cuerpo utópico. Las heterotopías*, Buenos Aires, Ed. Nueva Visión, 2010, p. 21.

y consciente del yo. Creía en el ejercicio crítico de des-ocultar las tecnologías institucionales del poder y la capacidad proyectiva de los hombres para establecerse en el mundo transformando las normas desde la voluntad creadora de cada sujeto.

Asumiendo las transformaciones emergentes del planeta y sus sociedades humanas, por parte de una técnica y una economía devastadoras, constituidas como discursos en pos del establecimiento del sujeto universal cosificado. Foucault propone un sujeto creativo capaz de practicar la libertad, de auto-ejercerla y no solo de pedirla, como un reclamo al poder. Sloterdijk, propone en este mismo sentido, un sujeto operable que sea capaz de proyectar cambios políticos, filosóficos, pero también psicofísicos, con el fin primero de adaptarse a los cambios del entorno bioclimático producidos por la tecno-ciencia moderna como instrumento del poder, y, en segundo lugar, desde una gimnasia meditativo-filosófica y operativa proyectual, capaz de poder transformar las normas y por lo tanto el contexto.

Dados los avances biotecnológicos y bioingenieriles, el planteo según un hombre operable capaz de automodificar las características y cualidades actuales del ser humano se vuelven cada día más riesgosamente concretas.

Ahora bien, si la arquitectura, como técnica históricamente ligada al papel de mediación con la naturaleza, pudiese ser operable en un grado más amplio, si pudiese transformarse y reprogramarse en función de los cambios intersubjetivos y sociales, no seria, hipotéticamente necesario, el desarrollo concreto de tal hombre operable en lo referente a las intrusiones médico-biológicas, en todo caso dicha cualidad de ser operable se podría restringir a un operar el proyecto de nuestro medioambiente arquitectónico y urbano, de manera crítica.

Para lograr proyectar una técnica arquitectónica infraestructural capaz de preparar las condiciones ambientales y sociales para la densificación del entorno habitacional relativa a una probable superpoblación metropolitana con carencias materiales, económicas y culturales, debemos situarnos en el lugar que nos corresponde como investigadores provenientes de un contexto social determinado. Cualquier intento de interpretación de supuestas naturalezas originarias del hábitat a ser conservadas, nos llevaran presumiblemente al fracaso.

Esto implica que el investigador de arquitectura, no deja de formar parte de una sociedad determinada en relación a un adiestramiento educativo de clase. Cualquier autorreflexión con vistas a preparar el terreno, para el trabajo de investigación por realizarse, deberá iniciarse con estas reflexiones.

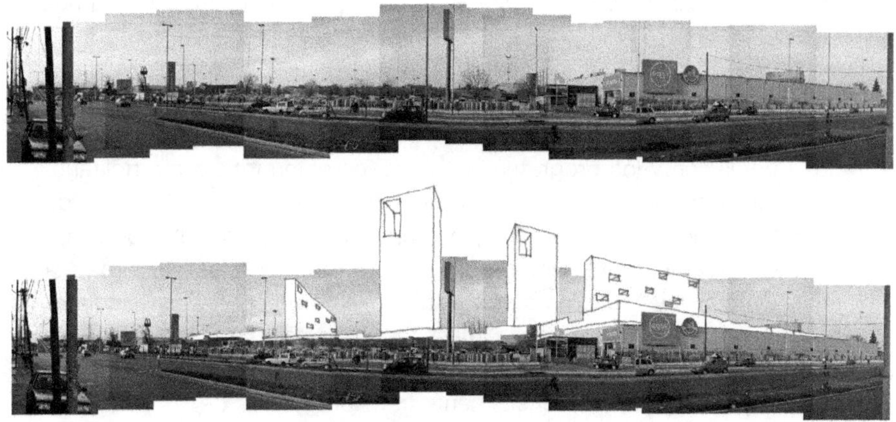

▸ Leandro Costa. Proyecto de vivienda colectiva de alta densidad. Tesis de Maestría.

Aunque podamos tener mayores certezas sobre las actividades del habitar propias de un determinado grupo humano, es poco probable que dichas certezas se puedan transposicionar temporalmente a tiempos futuros, más cercanos y más lejanos. Los mismos cambios y revoluciones tecnológicas devienen cambios sociales. Las estrategias de la identidad aplicadas a los proyectos son necesarias, pero en la práctica suelen resultar ingenuas y poco efectivas si parten de simplificaciones pseudo-antropológicas y miméticas.

"… identidad personal, identidad profesional, identidad femenina, identidad masculina, identidad política, identidad de clases, identidad de partido, etc. La enumeración de estas exigencias esenciales de identidad sobraría en el fondo para ilustrar el carácter plural y móvil de aquello que se llama identidad. Pero no se hablaría de identidad si en el fondo no se tratase de una forma fija del yo."[12]

---

[12] Sloterdijk, Peter. *Crítica de la Razón Cínica*. T. I y II. Madrid, Ed. Nacional, 2002, p. 101.

En este sentido, es todavía más urgente el desarrollo de una nueva concepción técnica de la arquitectura, capaz de reconfigurar las tecnologías en relación a diferentes situaciones sociales, materiales y edilicias existentes. Si las codificaciones de planificación urbana y las correspondientes a la edilicia, de las metrópolis modernas tuvieron y tienen como objetivo fundamental la regulación, según el mercado, de la distribución de la población y los programas de usos, en el territorio metropolitano. Las tecnologías constructivas e ingenieriles son las posibilitadoras de dichas instancias de regulación, por ejemplo, no se pueden concebir las codificaciones antes nombradas para la Buenos Aires moderna del emergente siglo XX, sin prestar atención a la correspondencia regulatoria, entre dichas normativas y la nueva tecnología constructiva del hormigón armado llegada de Europa, como generadora de tipologías arquitectónicas innovadoras y potencialmente transformadoras de las genéricas manzanas porteñas, ampliadas en su proyección espacial. Podríamos decir que las transformaciones e innovaciones tecnológicas modifican las identidades de la ciudad.

El hormigón armado en su disposición específica según códigos, genera plusvalía sobre el territorio, la producción y el consumo; paradójicamente mediante restricciones a las posibilidades conformativas y configurativas del hormigón armado como tecnología ingenieril y arquitectónica específica, es decir que, en cuanto potencialidad programática de cualificación ambiental de la ciudad, se da un fenómeno negativo e inverso de depreciación de su valor técnico o tecnológico, dada su potencialidad arquitectónica.

Todo desarrollo experimental urbano-arquitectónico futuro, debe partir de un supuesto según el cual, la tecnología arquitectónica, como condición de posibilidad, está sujeta por un discurso económico y técnico macro, por lo tanto un desarrollo infraestructural aplicado a la arquitectura no necesariamente significa un cambio tecnológico revolucionario, sino uno técnico revolucionario con las tecnologías actuales relativamente liberadas, teniendo en todo caso, como hipótesis adjunta, que el desarrollo de nuevas tecnologías, materialidades y ambientales, en el marco de una nueva concepción técnica, será inevitable.

Referencias y fuentes bibliográficas

Del Centro POIESIS

AUTORES VARIOS. *Investigación y conocimiento en ADU* (coloquio). Financió ANPCyT, mayo 2008.

GARRONI, Emilio. *Diccionario de arquitectura, voz creatividad*, Diccionario Einaudi 1975. Traducción. J. F. Liernur. Ed. Nobuko, Buenos Aires, 2007.

QUATREMÈRE DE QUINCY, Antoine. *Diccionario de arquitectura, voces teóricas*, traducción Aliata y Shmidt. Ed. Nobuko, Buenos Aires, 2007.

SARQUIS, Jorge, comp., *Arquitectura y modos de habitar*. Ed. Nobuko. Buenos Aires, 2006.

—— ; y CAMARERO GARCÍA, Ernesto. *Composición Automática de Espacios Arquitectónicos*, Memoria presentada a la Fundación Juan March, 1972.

—— ; *Itinerarios del Proyecto*, tomo I, *Ficción Epistemológica. La Investigación Proyectual como forma de conocimiento en arquitectura*. Ed. Nobuko. Buenos Aires, 2003.

—— ; *Itinerarios del Proyecto, tomo II, Ficción de lo Real. La Investigación Proyectual como forma de conocimiento en arquitectura*. Ed. Nobuko. Buenos Aires, 2004.

—— ; *La creatividad vía regia de la investigación proyectual.* Ed. Facultad de Arquitectura y Artes, Universidad Mayor de San Andrés. La Paz, 1998.

—— ; Ponencia "La Teoría de la Arquitectura entre la sophía y el episteme". Coloquio Teoría de la arquitectura y teoría del proyecto, Ed. Nobuko. Buenos Aires, 2003.

—— ; "Arquitectura y técnica se disuelven en el espacio", revista *SCA* N° 225, junio 2007.

—— ; "Arquitectura y técnica", revista *SCA* N° 225, junio 2007.

—— ; "La arquitectura urbana ¿Una nueva disciplina o un híbrido de Arquitectura y Urbanismo?"; *POLIS*, Revista de la Facultad de Arquitectura, Diseño y Urbanismo. Ed. Centro de Publicaciones, Universidad Nacional del Litoral, Santa Fe, 2000.

—— ; "La buena vida vs. la vida buena", revista *SCA* 217, agosto 2005.

—— ; "La construcción después del trauma, 11/9 y 11/3", Revista *Encrucijada*, UBA N° 28 / 2004.

—— ; "La Dimensión Poética de la Arquitectura Urbana", *Ensayos, sobre intervenciones estético poéticas en la ciudad*. Línea de Investigación Urbanística, Facultad de Arquitectura - Universidad Nacional de Colombia - Sede Medellín, septiembre 2002.

—— ; "La dimensión poética de la arquitectura urbana". Revista *Registros* N° 4, FAUD, Univ. Nac. Mar del Plata. Centro de Estudios Históricos Arquitectónicos y Urbanos, Mayo 2007.

—— ; "La Formación, entre la Investigación y la Profesión", Revista *47 al fondo,* Facultad de Arquitectura de la Universidad Nacional de La Plata, N° 9, junio 2003.

—— ; "La Investigación Proyectual, Una Teoría, Metodología y Técnica de Formalización Arquitectónica Contemporánea". Premio Bienal de Arquitectura 95/96 SCA y CPAU.

—— ; "Límites y posibilidades de la Investigación Proyectual". *Ediciones CEA-DIG/FADU/UBA, parte I de Documentos de Trabajo*, Centro POIESIS, N° 3 y 4, 1997.

—— ; "Redesign of Public Space", artículo sobre Lugano I y II, *Revista Archis*, noviembre 1996.

—— ; "¿Urbanidad Incompleta o Arquitectura Incompleta?", Revista - Libro *Ensayos, sobre Arquitectura Urbana*. Línea de Investigación Urbanística, Facultad de Arquitectura - Universidad Nacional de Colombia, Sede Medellín, diciembre 1999.

—— ; ADAMSON, Gladys y BOUQUET, Carlos M. *Creatividad en arquitectura desde el psicoanálisis*, síntesis de la investigación iniciada en 1978. Ed. Paidós, Buenos Aires, 1985.

—— ; GARCÍA CAMARERO, E. *Creación - Arquitectura - Ordenadores*, síntesis de ponencias del congreso realizado en 1970 en el Centro de Cálculo de la Universidad Complutense de Madrid. García Camarero y Sarquis editores, 1972.

—— ; MARQUES, Eulalia. *Análisis de las metodologías del diseño*, síntesis del trabajo de la beca en España, Ministerio de la Vivienda de Madrid, 1970.

—— ; y colaboradores. *Programa Ciclo Vital* N° 13, Serie Difusión. Secretaría de Investigación, FADU editora, Buenos Aires, 1995.

—— ; y equipo de investigación. *Creatividad + Arquitectura e Interdisciplina*, publicado junto a las ponencias del Congreso de 1989. Jorge Sarquis y equipo de investigación ed. con UNESCO y Politécnico de Suiza, 1990.

—— ; y equipo de investigación. *Hábitat para la emergencia social y ambiental. Villa el Monte, Quilmes*. Ed. Nobuko, Buenos Aires, 2007.

—— ; y otros. "Modos de Habitar", publicación Monográfica, *Revista de la Sociedad Central de Arquitectos* N° 217, Buenos Aires, agosto 2005.

—— ; y otros. *Técnica y arquitectura*. Ed. Nobuko, Buenos Aires, 2008.

Bibliografía consultada externa al Centro POIESIS

ALEXANDER, Christopher. *Ensayo sobre la síntesis de la forma*. Ediciones Infinito, Buenos Aires, 1966.

BEKINSCHTEIN, Eduardo, CALCAGNO, Lucía, RISSO PATRON, Domingo Pablo. *Proyecto Rehabitar*. CPAU-SCA, Buenos Aires, 2012.

Bertalanffy, Ludwig. Teoría General de los Sistemas. Fondo de Cultura Económica, México, 1976.

CAPRA, Fritjof. *The Web of Life.* Anchor Books, Michigan, 1996.

CARPO, Mario. *The Alphabet and the algorithm.* The MIT Press, Massachusetts, 2011.

—— ; *The Digital Turn in Architecture 1992-2012*. John Wiley & Sons, Londres, 2013.

DAVIDSON, Cynthia. Tracing Eisenman. Rizzoli, Nueva York, 2006.

DE LANDA, Manuel. "Filosofías del Diseño - el caso de los programas de modelado", en Revista *Verb Architecture*. Actar, Barcelona, 2001.

DELEUZE, Gilles. *Diferencia y repetición.* Columbia University Press, Columbia, 1994.

EISENMAN, Peter. *Written into the void: selected writings, 1990-2004.* Yale University Press, London, 2007.

FRAZER, John. *An Evolutonary Architecture.* AA Publications, Londres, 1995.

FOUCAULT, Michel. *El cuerpo utópico. Las heterotopías.* Ed. Nueva Visión, Buenos Aires, 2010.

—— ; *Seguridad, territorio, población*. Fondo de Cultura Económica, Buenos Aires, 2009.

—— ; *El ojo del Poder*, 1980.

HABRAKEN, John. Supports: An Alternative to Mass Housing, Urban International Press.

JENCKS, Charles. "Nonlinear Architecture: New Science = New Architecture?", en *AD*, septiembre-octubre 1997. John Wiley & Sons, Londres, 1997.

JACOB, François. *The Logic of Life*. University Press, Princeton, 1976.

KIPNIS, Jeffrey. "Ansiedad Performativa", en *2G*, n. 6, Editorial Gustavo Gili, 2000.

—— ; A question of qualities. The Mit Press, Massachusetts, 2013.

KWINTER, Sanford. "The hammer and the song", en *Architectural Journal* (48). 1998.

LE CORBUSIER. *Precisiones*. Ed. Poseidón, Barcelona, 1978.

LEFEVBRE, Henri. *La producción del espacio*. 1967.

LYNN, Greg. *Fold, Bodies & Blobs*, Collected Essays. La lettre volée, Bruselas, 2004.

MARX, Karl. *Contribución a la crítica de la economía política*. Ed. Progreso, 1989.

—— ; *El Capital. Crítica de la economía política*. Volumen 1. Fondo de Cultura Económica, México D.F, 1973.

MATURANA, Humberto y VARELA, Francisco. *De Máquinas y Seres Vivos, Autopoiesis: La organización de lo vivo*. Lumen, Buenos Aires, 1994.

MORALES, José Ricardo. La concepción espacial de la arquitectura, 1969.

MORIN, Edgar. Introducción al pensamiento complejo. Gedisa, Barcelona, 1994.

NAJLE, Ciro. "Machinic Manifesto", en *Quaderns d'arquitectura i urbanisme* (244), 2004.

—— ; *Teoría arquitectónica de sistemas complejos*. Conferencia dictada en la Universidad de Buenos Aires en junio de 2008.

ORTEGA, Lluís. La digitalización toma el mando. Editorial Gustavo Gili, Barcelona, 2009.

PALLASMAA, Juhani. *Los ojos de la piel, La arquitectura y los sentidos*. Editorial Gustavo Gili, Barcelona 2004.

REISER, Jesse y UMEMOTO, Nanako. *Atlas of Novel Tectonics*. Princeton Architectural Press, Nueva York, 2006.

RIFKIN, Jeremy. *La Tercera Revolución Industrial*. Paidós, Barcelona, 2011.

SCHUMACHER, Patrick. *The Autopoiesis of Architecture Vol 1 - A new framework for Architecture*. Wiley, Londres, 2011.

—— ; *The Autopoiesis of Architecture Vol 2 - A new agenda for Architecture.* Wiley, Londres, 2012.

SLOTERDIJK, Peter. *Crítica de la Razón Cínica.* Tomos I y II. Ed. Nacional, Madrid. 2002.

—— ; *Esferas III.* Ed. Siruela, Buenos Aires, 2009.

WINSTON, Patrick. Learning: Genetic Algorithms. MIT Artificial Intelligence Fall Course, Massachusetts, 2010.

WITTKOWER, Rudolf. *Architectural Principles in the Age of Humanism.* The Warburg Institute, Londres, 1949.

ZAERA POLO, Alejandro. "Foreign Office Architects. Nexus - Código FOA Remix 2000", en *2G* Foreign Office Architects (N° 16), 2000.